매력적인 사람이 되는
마음챙김 테크닉

매력적인 사람이 되는 마음챙김 테크닉

펴낸날 | 초판1쇄 2019년 5월 3일
지은이 | 이미애
기획 | 박한진
편집 · 디자인 | 박기주
펴낸이 | 박기주
펴낸곳 | 다크아트
주소 | 인천 중구 하늘별빛로 111
Tel | 010-4178-9007
Fax | 0303-3446-9075
Homepage | http://www.darkart.co.kr
Email | darkartpublication@gmail.com

이 책은 저작권법에 따라 보호받는 독창적인 저작물이므로 무단전재와 무단복제를 일체 금하며, 이 책의 내용 전부 또는 일부를 이용하려면 반드시 저작권자와 다크아트의 서면 동의를 받아야 합니다.

● 잘못 만들어진 책은 서점에서 교환해 드립니다.
ISBN 979-11-88308-20-0 (13180)
값 28,000원

이 도서의 국립중앙도서관 출판예정도서목록(CIP)은 서지정보유통지원시스템 홈페이지(http://seoji.nl.go.kr)와 국가자료공동목록시스템(http://www.nl.go.kr/kolisnet)에서 이용하실 수 있습니다. (CIP제어번호 : CIP2019014748)

매력적인 사람이 되는
마음챙김 테크닉

차 례

INTRO ··· 11

    매력의 시대 ··· 12

    매력적인 남성 ··· 14

    매력적인 여성 ··· 16

    마음챙김과 마음놓침 ·································· 18

    마음챙김과 자기계발 ·································· 20

    아모르파티 ·· 22

1. 마음챙김은 명상이 아니다 ················ 25

    명상이란? ··· 26

    마음챙김이란? ·· 28

    마음챙김의 주요 요소 ································ 30

    멈춤 ··· 32

    인식 ··· 34

판단 ··· 36
사실과 사실아님 ······················· 40
유용함과 무용함 ······················· 42

2. 두뇌의 휴식 ························· 45

멍하게 있으면 뇌가 쉬게 될까? ······· 46
몸이 쉬는가 뇌가 쉬는가? ············· 48
삼중뇌 이론 ····························· 50
인간의 뇌가 망가짐 ··················· 52
동물의 뇌가 활성화 ··················· 54
파충류의 뇌가 운전대를 잡음 ········ 56
오토 파일럿 상태 ····················· 58
마음은 치유의 대상이 아니라 훈련의 대상 ····· 60
뇌가소성 이론 ·························· 62
21일 습관 교정 ························ 64

3. 마음챙김 지금 당장 시작해보자 ······· 67

한호흡 명상 ····························· 68
차 한잔의 명상 ························· 70
강아지 명상 1 ·························· 72
강아지 명상 2 ·························· 74
원초음 명상 1 ·························· 76
원초음 명상 2 ·························· 78

원초음 명상 3 ·· 80
원초음 명상 4 ·· 84
원초음 명상 5 ·· 86
정법안장 1 ·· 88
정법안장 2 ·· 90
정식 마음챙김 훈련 방법 ·································· 92
매력적인 사람 되기 ··· 94
화룡의 숨결 ··· 96
정말로 마음에 드는 사람과 만날 때는 어떻게 할까요?
··· 98
빛나는 매력 ··· 100

4. 최상의 몰입을 가능하게 하는 자비관 ·· 103

왜 몰입을 못하지? ·· 104
사랑 ·· 106
염오 ·· 108
훈련의 방법 ··· 110

5. 효율적 업무처리 ································ 113

모든 면에서 매력적인 사람이 되기 ············· 114
포텐셜 프로젝트란? ······································ 116
정신적 효과성의 매트릭스 ···························· 118
GTD 1 ··· 120

GTD 2 ········· 122

GTD 3 ········· 124

GTD 4 ········· 126

GTD 5 ········· 128

GTD 6 ········· 130

능력 있는 사람이 되는 길 ········· 132

6. 마음챙김 치유 ········· 135

MBSR이란? ········· 136

정규훈련과 비정규훈련 ········· 138

바디스캔 ········· 140

호흡명상 1 ········· 142

호흡명상 2 ········· 144

호흡명상 3 ········· 146

호흡명상 4 ········· 148

호흡명상 5 ········· 150

호흡명상 6 ········· 152

호흡명상 7 ········· 154

호흡명상 8 ········· 156

정좌수행 ········· 158

하타요가 ········· 160

먹기명상 ········· 170

걷기명상 ········· 172

7. 마음챙김 훈련 ... 175

- MBSR 8주 훈련 ... 176
- MBSR 1주 차 ... 178
- MBSR 2주 차 ... 179
- MBSR 3주 차 ... 180
- MBSR 4주 차 ... 181
- MBSR 5주 차 ... 182
- MBSR 6주 차 ... 183
- MBSR 7주 차 ... 184
- MBSR 8주 차 ... 185
- MBCT란 무엇인가? ... 186
- MBCT의 특징 ... 188
- MBCT 1주 차 ... 190
- MBCT 2주 차 ... 192
- MBCT 3주 차 ... 194
- MBCT 4주 차 ... 196
- MBCT 5주 차 ... 198
- MBCT 6주 차 ... 200
- MBCT 7주 차 ... 202
- MBCT 8주 차 ... 204

8. 마음챙김 심화 ... 207

- DBT ... 208

ACT ·································· 210
구체적인 ACT 구조 ····················· 212
외부의 경우 ····························· 213
나란 존재하는가? ······················· 214
MBT ··································· 216

9. 사회적 세뇌로부터 벗어나기 219

세상으로부터의 세뇌 ··················· 220
삶의 목적 ······························ 222
목표로 날아오르게 하는 용기 ············ 224
천명의 매 ······························ 226
더 나아갈 길 ···························· 230
세뇌에 걸리기 쉬운 마음 상태 ············ 232
세상 속에서 건강한 삶을 사는 것이 세뇌에서 벗어나는 길 ···································· 234

Outro 237

INTRO

매력의 시대

이 세상은 두 종류의 사람이 있습니다.
하나는 매력이 있는 사람이고
다른 하나는 매력이 충분하지 못한 사람입니다.
이제는 가성비의 시대에서 가심비의 시대라고 합니다.
그렇기에 마음에 와닿아야 하며
그러한 것들 중 하나가 매력적인 사람은
그 자체가 컨텐츠가 됩니다.

"어떻게 해야 매력적인 사람이 될 수 있을까요?"

과거에는 좋지 않다고 여겨진 도화살도
이제는 도화살 화장이 유행할 정도로
이를 원하는 분들이 많이 질 정도로 세상이 변한 것이지요.
그러면 과연 어떤 사람들이 매력적인 사람일까요?
그리고 또 어떻게 해야 매력적인 사람이 될 수 있을까요?

그러면 우선 매력적인 남성과 매력적인 여성은 누군지
한번 살펴보도록 하지요.

매력적인 남성

과거에 미국에서 실험을 했습니다.
남성들이 격렬한 스포츠를 하고 승리를 했을 때
발생한 체취와 아주 편안하게 있을 때의 체취를
여성들에게 비교하게 했지요.
대부분의 남성들은 승리를 하고 멋진 상황이 될 때가
여성들에게 어필을 할 것이라고 여깁니다.
하지만 그 반대로 여성들은 편안하고 여유 있을 때의
체취를 더 좋아하는 것으로 결과가 나왔습니다.
여성들에게 매력적인 남성은 승리하고 멋진 순간을 위해
매진하는 남성들보다는 상황 속에서 평정심을 잃지 않고
여유 있는 그러한 남성인 것이지요.

많은 남성들이 자신이 마음에 들지 않은 여성에게는 접근이 쉬운데 마음에 꼭 드는 여성에게는 늘 실수를 해서 잘 맺어지지 못한다고 합니다. 그 이유가 바로 긴장도에서 유래하는 것입니다.

위에서 나온 연구처럼 여성들은 이러한 미세한 체취로도 눈앞의 남성의 긴장도와 여유로움을 구분할 수 있습니다. 그렇기에 겉으로 꾸며내는 모습으로는 매력을 표현할 수 없는 것입니다.

매력적인 여성

반대로 남성들의 경우 여성들이 조바심을 내고 부정적으로 생각하는 것에서 힘들다는 이야기를 많이 합니다. 그렇기에 세상을 조금 더 밝게 보고 희망을 찾고 선한 부분을 찾는 그러한 여성에게서 매력을 느낍니다. 그래서 자신이 힘들었을 때 걱정하고 염려하는 여성보다는 자신이 힘들었을 때 자신 안에서 선한 부분을 찾아내 주고 희망을 가지고 지지하고 믿어주는 여성에게서 매력을 느낍니다.

많은 여성들이 자신의 주위에는 좋지 않은 남자들만 모인다고 합니다.

그 이유는 늘 긴장되어 있고 모든 것에 걱정이 심한 여성에게 좋은 남자들은 벽을 느끼고 가까이 오지 않아서 그런 것입니다.

그렇기에 매력은 늘 여유로움 속에서 나타나는 것이지 그것을 얻기 위해서 조바심을 내는 것에서 나오는 것은 아닌 것이지요.

마음챙김과 마음놓침

앞의 두 가지 경우는 모두 여유롭고 긍정적인 사고를 가지는 것을 말합니다. 그리고 이러한 것에 대한 합리적인 접근이 마음챙김이라는 훈련법입니다.

현대 마음챙김은 더 이상 명상이라 부르지 않습니다. 다만 효율적으로 마음을 사용하는 방법에 대한 연구와 훈련방법을 총칭하는 것이 됩니다.

"마음챙김이란 여유롭고 긍정적인 사고를 하도록
자기 자신의 마음을 훈련하는 것"

마음은 치유의 대상이 아니라 훈련의 대상이라고 합니다. 그렇기에 훈련된 마음을 마음챙김이라고 하고 훈련되지 않아서 제멋대로 나를 괴롭히는 마음을 마음놓침이라고 합니다. 그렇기에 마음챙김이란 여유롭고 긍정적인 사고를 하도록 자기 자신의 마음을 훈련하는 것이며 이렇게 훈련되지 않은 마음은 조급하고 부정적인 사고를 해서 늘 올바른 판단을 그르치는 것입니다.

마음챙김과 자기계발

마음을 훈련하는 것이라고 하니
마음챙김이 자기계발이 아닐까 할 수 있습니다.
물론 자신을 더 나은 모습으로 한다는 것에서는
자기계발일지 모릅니다. 하지만 이는 어디까지나 결과로써
자기계발이 된 것이지 자기계발을 목적으로 하는 것이
아닙니다. 오히려 마음챙김은 자기계발을 하지 않는 것을
지향합니다.

자본주의의 최대 발명이 자기계발이라는 이야기가 있습니다. 자기계발은 스스로가 스스로를 착취하는 것이라는 의미입니다. 서점에만 가보아도 무엇을 해야 당신의 힘든 것이 바뀐다는 서적들이 가득합니다. 이 서적들은 모두 당신에게 무언가를 하라고 강요를 합니다. 그리고 점점 더 디테일하게 나아갑니다. 3세 이전의 아이와의 관계와 4살짜리 우리 아기 어떻게 할까라든지 이렇게 점점 더 해야 하는 것들이 늘어가게 됩니다.

그런데 과연 그러한 것을 모두 그대로 따르면 행복해질까요? 우리는 행복해지는 방법을 실천하느라고 행복할 틈이 없을지도 모르겠습니다. 과연 언제가 되어야 행복해질 수 있을까요?

아모르파티

철학자 니체가 했던 말입니다. '자신의 운명에 대한 사랑'이라는 의미지요. 여기서 운명은 우리가 타고난 그 무엇입니다. 이에 대해서 심리학자인 아들러는 좀 더 명확하게 이야기를 합니다. 우리는 날 때부터 잘하는 우성인자와 날 때부터 잘하기 힘이 드는 열성인자를 타고 나는데 이것이 바로 우리의 운명인 것입니다. 사주나 점을 보아서 아는 것이 운명이 아니라 이렇게 우리가 이미 알고 있는 우리의 장점과 단점이 운명인 것이지요. 그리고 아모르파티는 이러한 우리들 자신의 장점과 단점을 사랑하라는 것이에요.

우리는 어쩌면 태어날 때 우리 자신에 대한 사용설명서를 잃어버렸기에 힘든 삶을 사는 것일지 모릅니다. 그래서 끝없이 열등감 속에서 살게 되는 것 같아요. 자기계발은 이러한 열등감을 극복하기 위해서 우리들을 소비를 시키고 스스로가 스스로를 착취하게 만드는 것일지도 모르겠습니다. 마음챙김은 우리가 잃어버린 우리 자신의 사용설명서를 찾는 한 가지 길이 될 것입니다.

"자신의 운명에 대한 사랑"

마음챙김은 이러한 상황에서는 이렇게 행하라는 지침이 아닙니다. 우리 마음의 힘을 훈련하고 단련해서 튼튼하고 건강한 마음으로 이 세상을 살아가는 방법이 됩니다. 그렇기에 마음챙김을 하면 행복해지는 것이 아니라 행복을 찾을 수 있는 힘을 기르는 것이 됩니다. 여유롭고 긍정적이면서도 건강한 그러한 마음으로 우리들의 장점과 단점을 모두 잘 사용하는 그러한 매력적인 인생이 여기에 있습니다.

·····1. 마음챙김은 명상이 아니다

명상이란?

명상의 목적은 지혜와 통찰에 있습니다.
그리고 그 결과로써 마음의 평화나 건강이나
활력의 증진 등이 나타나지만 이러한 결과들은
명상의 목적이 아니라 효과에 불과합니다.
그렇기에 명상을 배울 때
이러한 결과에 대한 기대가
오히려 명상을 방해한다고 말해지는 경우가 많습니다.
그래서 명상에서 말하는 마음챙김이란
일반적으로 말해지는 마음챙김보다는
깊은 의미성을 가지고 있습니다.

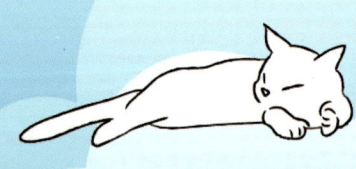

명상으로의 마음챙김이란 불교 수행법인 사띠를 말합니다. 사띠란 주로 마음챙김이나 알아차림 등으로 번역이 되고 있습니다. 마음챙김이란 마음으로 대상을 챙긴다는 것이 됩니다. 이때 마음이 챙기는 대상이 개념이나 관념일 경우 사마타 명상이라고 하고 일체법이라는 다르마일 경우에는 위빠사나 명상이라고 합니다. 사띠를 통한 사마타 명상으로 고요함에 이르고 위빠사나 명상으로 통찰을 얻어가는 것이 불교 명상으로써의 마음챙김인 것이지요.

그래서 현대 마음챙김과 불교 수행으로써의 마음챙김이 혼동이 되는 경우가 많이 있는데 방법론 자체의 차이도 있지만 가장 근본적으로는 마음챙김을 하는 목적이 다릅니다. 현대 마음챙김이란 통찰력과 같은 형이상학적인 문제를 다루는 것이 목적이 아닙니다. 그러므로 깨달음이나 통찰력과 같은 근원적인 답을 찾을 경우에는 좀 더 전문적인 불교 명상을 지도받는 것이 필요합니다.

마음챙김이란?

이 서적에서 이야기하는 마음챙김은 현대 마음챙김으로 주로 인지 심리학과 관련이 있습니다. 불교 수행법인 사띠가 갖는 메타인지력을 키우는 부분에 착안을 해서 인지 심리학 계통에서 사띠를 연구했습니다. 이러한 분위기에서 현대 마음챙김은 존 카밧진 박사의 MBSR(Mindfulness-based Stress Reduction 마음챙김을 기반으로 하는 스트레스 해소)이 발표되면서 대중적으로 널리 알려지게 됩니다. 그리고 뇌과학의 발달로 마음챙김의 효과가 뇌가소성(뇌의 훈련을 통한 뇌 신경망의 개선)에 효과적임이 밝혀지면서 더욱 각광을 받게 됩니다. 또한 스티브 잡스의 창의성이 마음챙김 훈련을 통한 것임이 알려지고 현재 구글 엔지니어들 중에서도 마음챙김을 훈련하는 이들이 많은 것도 마음챙김을 널리 알리는 데 일조를 했습니다.

이렇게 현대 마음챙김은 스트레스를 극복하고 자신이 본래 타고난 재능을 꽃피우는 것을 목표로 하기에 깨달음이나 통찰을 목적으로 하는 명상과는 다른 것입니다.

깨달음이나 통찰을 추구하는 명상으로서 마음챙김을 원하는 분들은 현대 마음챙김보다는 불교의 사띠 명상을 배우는 것이 더 나을 것입니다.

이 서적에서 소개하는 현대 마음챙김은 스트레스를 잘 관리하고 내 정신적 능력을 최적화하는 것을 추구하는 심리적인 훈련법입니다.

마음챙김의 주요 요소

마음챙김의 결과로 얻는 것은 여러 가지가 있습니다. 현재 심리적인 문제만이 아니라 성인병들에 있어서의 효과까지 유의미한 결과가 나오고 있으니까요. 이러한 것이 가능해지는 것에는 크게 세 가지 정신적인 힘이 강화가 되면서 가능해지는 것으로 말해집니다.

첫 번째는 멈추는 힘이고 두 번째는 인식하는 힘이며 세 번째는 판단하는 힘이 됩니다. 이 세 가지가 명료해지면서 다른 효과들이 나타나는 것이지요.

1 멈춤

2 인식

3 판단

마음놓침이란 마음챙김의 반대 상황을 말합니다. 멈추지 못하고 폭주하고 인식하지 못하고 휘둘리며 제대로 판단하지 못하고 오류를 범하는 것에서 벗어나는 것이 마음챙김의 첫걸음이 됩니다.

1. 마음챙김은 명상이 아니다

멈춤

멈출 수 있는 힘이란 반응하는 마음을 멈추는 힘이 됩니다. 부처님께서 걷고 계실 때 살인자 앙굴라말라가 나타나서 칼을 들이대며 멈추라고 했습니다. 하지만 부처님은 그대로 걸어가셨습니다. 부처님 앞을 가로막은 앙굴라말라는 멈추라는 자신의 말을 듣지 못 했냐고 험악하게 말을 합니다. 부처님은 자신은 이미 멈추어 있었는데 멈추지 못하고 달리는 사람은 당신이었다고 답을 합니다. 앙굴라말라는 그 이야기에 감복해서 칼을 버리고 부처님의 제자가 됩니다. 이렇게 우리는 앙굴라말라와 같은 마음속에 살고 있습니다. 부처님께서 알려주신 첫 번째 힘은 바로 이 멈추는 힘입니다.

멈춘다는 것은 반응하는 것을 그치는 것입니다. 무언가 일이 일어났으면 일단 그 일에 저항하지 말고 반응을 멈추고 그 일을 수용적으로 받아들이는 것이 첫 번째 해야 하는 일이 됩니다. 이러한 것을 틱낫한 스님은 종소리를 듣는 것이 아니라 종소리를 마음속으로 초대하는 것이라고 말씀하십니다. 내면에서 앙굴라말라처럼 급박하게 우리를 위협하는 우리의 마음에 대해서 부처님처럼 대응하는 것을 멈추고 틱낫한 스님처럼 싸우지 말고 이미 들어온 그 마음을 초대하는 것이 멈추는 것입니다.

"멈춘다는 것은 반응하는 것을 그치는 것"

인식

멈추고 나면 바라볼 수 있습니다. 다만 바라보려면 접촉을 해야 합니다. 그렇기에 떨어져서 바라보는 것이 아니라 상냥한 마음으로 대상을 바라보는 것이 인식이 됩니다.

내게 마음챙김을 가르쳐주신 스승님들 중 한 분이신 정명 스님은 이러한 인지를 부드러운 메타인지라고 하십니다. 메타인지가 떨어져서 객관적으로 보는 것이라면 마음챙김의 인지는 떨어지지 않고 접촉하며 상냥하고 자상하게 소통하며 인지하는 것이기에 부드러운 메타인지인 것입니다.

우리가 우리의 마음과 하나가 되어 있을 때 우리는 마음놓침 상태로 딱딱하게 굳어진 마음 상태가 됩니다. 하지만 너무 떨어져서 바라보면 그 역시도 우리 마음을 움츠러들고 굳어지게 만들게 됩니다. 그렇기에 부드럽게 쓰담 쓰담하며 접촉하면서 바라보는 부드러운 메타인지가 중요합니다.

부드럽게 바라보면 딱딱했던 마음이 부드럽게 바뀌게 됩니다. 이것은 바꾸는 것이 아니라 바뀌게 되도록 허용하는 것입니다. 그리고 바라보는 것은 그 대상과 어느 정도의 거리를 두는 것을 말하며 탈융합이라고도 합니다.

판단

멈추고 인식을 하고 나면 이제 그것에 대해서 판단을 하게 됩니다. 판단이란 두 가지 단계로 행하게 됩니다. 하나는 사실과 사실아님에 대한 판단이고 다른 하나는 유용함과 유용하지 못함에 대한 판단이지요.

- 사실과 사실아님
- 유용함과 유용하지 못함

이렇게 해서 사실이면서 유용한 것이라면 실천이나 행동으로 나서게 되는 것이 전체 과정이 됩니다.

마음챙김은 명상이 아니라 자기 자신에 대한 사용 설명서라는 것이 바로 이 멈춤과 인식과 판단으로 인해서 바르게 실천하고 행동할 수 있기에 그런 것입니다. 그리고 이 세 가지를 할 수 있는 힘을 기르는 훈련법이 마음챙김인 것이구요.

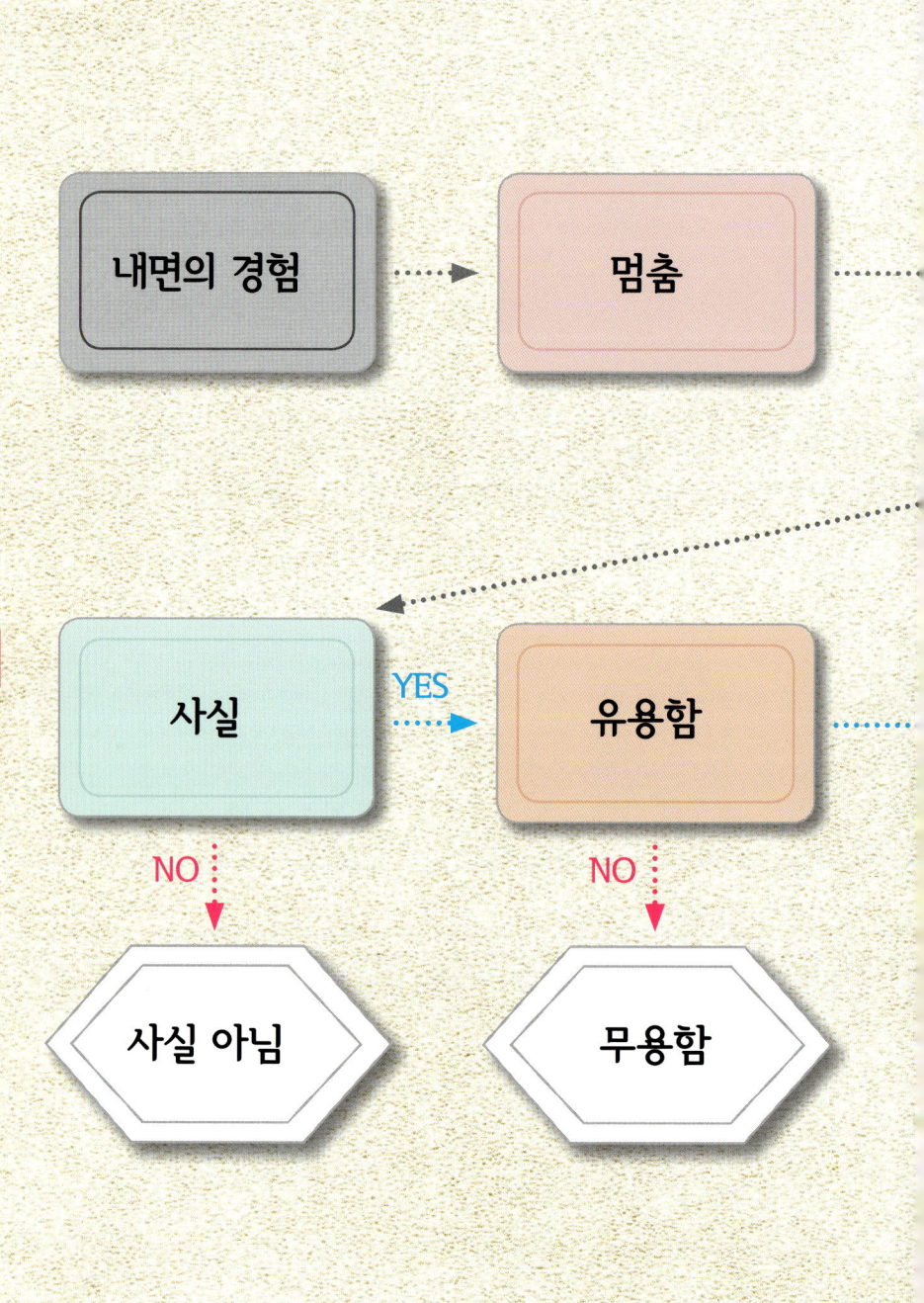

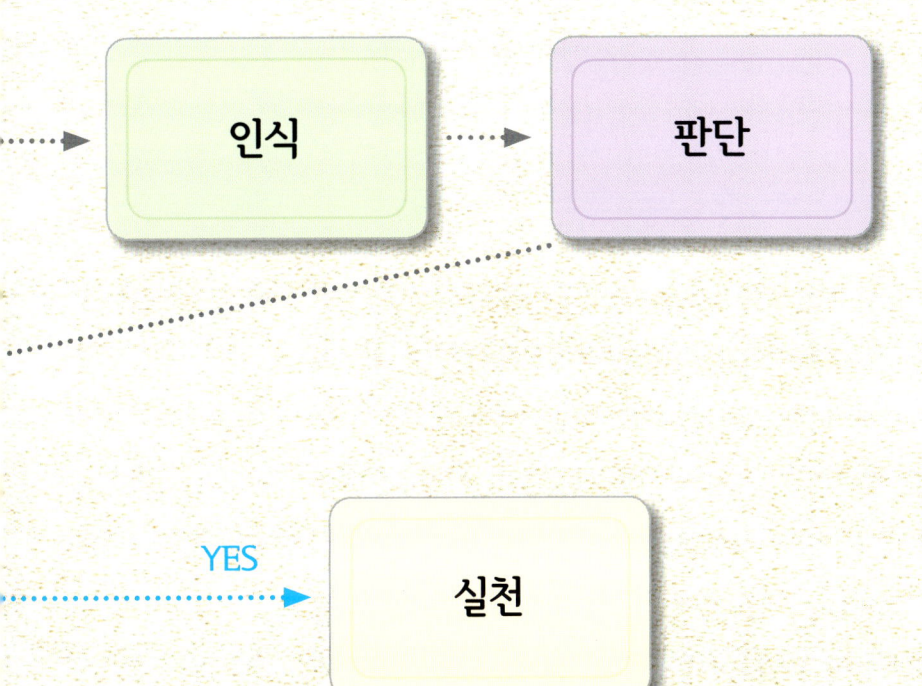

사실과 사실아님

사실이라는 것은 심리학자 아들러의 말에 의하면 공적 논리에 해당하는 것입니다. 모두가 공감할 수 있는 객관적인 논리인 것이지요.

만일 애인이 헤어지자고 했다면 애인이 헤어지자고 한 것이 사실이고 내가 무언가 실수했나? 하는 생각은 사실이 아닌 것입니다.

이렇게 사실은 대부분 일어난 팩트들을 말하는 것이고 사실아님은 그것을 바탕으로 유추하거나 추론을 한 것을 포함한 대부분의 느낌들이 사실아님입니다.

객관적으로 보여줄 수 있는 실체를 가진 것이 사실이고 유추나 추론이나 기분이나 느낌이나 감정과 같은 것은 사실아님이라고 여기면 크게 틀리지 않을 것입니다. 이것을 명료하게 구분하기 위해서 멈추고 살핀 후에 판단을 하는 것이지요. 지금 내면에서 경험하고 있는 일이 사실인지 아닌지를 구분하는 과정을 자동적으로 하지 않고 스스로의 힘으로 판단하는 것입니다. 그리고 사실아님이라면 그대로 놓아두고 외부로 실행하지 않아야 합니다.

유용함과 무용함

내면에서 경험한 일이 사실이라고 판단이 되었다 해도 모두 다 외부로 반응을 보이거나 실행을 할 필요는 없습니다. 오직 유용한 일만 행하는 것이 좋아요. 협상에 있어서 가장 좋지 못한 태도는 협상에서 얻고자 하는 것보다 자신의 자존심이나 감정을 더 중시하는 것이라고 합니다.

그처럼 실제로 자신에게 무용한 일에 에너지를 낭비할 시간에 그 에너지를 다른 곳의 행복을 찾는 것이 더 나을 것이라 여겨요.

이렇게 판단을 하고 나서 실제로 외부로 행하게 되면 지금보다 훨씬 더 많은 에너지를 행복을 위해서 사용할 수 있습니다. 마음챙김이란 이러한 것이 가능하도록 내 마음대로 되지 않는 내 마음을 훈련시켜서 나의 장점과 단점을 잘 활용하는 삶을 사는 것입니다.

2. 두뇌의 휴식

멍하게 있으면 뇌가 쉬게 될까?

2014년에 조금 특이한 이벤트가 있었습니다. 바로 서울시 광장 멍때리기 대회였습니다. 대회를 주최한 서울시 측에서는 1회라고 해서 그 이후도 진행할 듯 보였지만 1회로 그냥 마무리가 되었습니다. 취지는 쉬지 못하는 현대인들의 뇌를 쉬게 하자는 취지였지만 방법적으로는 그렇게 좋은 방법은 아니었던 것으로 생각됩니다.

뇌의 디폴트 네트워크 상태라는 것이 세상에 알려지면서 우리 뇌의 과도한 사용에 대한 문제의식에서 시작이 된 것입니다만 과연 멍하게 있는 것이 뇌에 휴식이 되는 것일까에 대한 부분이 의문시되는 부분이니까요. 2018년 현재 멍하게 있는 것은 오히려 뇌의 휴식을 방해하고 오히려 뇌의 리소스를 깎아 내린다는 연구 결과가 오히려 더 많이 있습니다.

몸이 쉬는가 뇌가 쉬는가?

많은 경우 휴식을 취하라고 하면 대부분 편한 자세로 멍하니 스마트폰을 보거나 게임을 하거나 유튜브를 보는 것을 휴식이라고 여기는 경우가 많습니다. 물론 이렇게 편한 자세를 취하고 있으면 몸은 어느 정도 휴식을 취할 수 있을 것입니다. 하지만 가장 중요한 중추 신경계는 오히려 혹사를 당하게 됩니다.

뇌는 깊은 잠이 들었을 때도 이미 80% 정도가 사용이 되고 있다고 합니다. 이것을 뇌의 디폴트 네트워크라고 합니다. 그리고 잠에서 깨어나면 90% 정도를 사용 중이게 됩니다. 여기에 스트레스가 더해지면 95% 이상의 뇌의 리소스가 사용이 됩니다. 천재라 불리운 사람들은 정서적인 둔감성이나 공간 지각 능력의 부족 등의 뇌기능의 일부가 작동이 안 되고 그 1~2% 정도를 더 사용할 수 있는 사람들이 천재가 된다고도 합니다.

그런데 멍하게 있으면 이 뇌의 리소스 점유율이 감소하는 것이 아니라 오히려 뇌가 공회전을 하면서 더 뇌를 망가뜨린다는 연구들이 있습니다. 그렇기에 마음놓침 상태로 유튜브 시청이나 게임 등을 하면 오히려 더 신경이 날카로워지는 것이지요. 이를 영알츠하이머라고 부르기도 합니다. 그래서 현대인들은 제대로 뇌를 쉬게 하는 방법을 모르기에 마음챙김으로 이를 길러야 합니다.

삼중뇌 이론

사람의 뇌를 기능적으로 좌뇌와 우뇌로 구분을 합니다. 현재 뇌과학 계통에서는 좌뇌 우뇌 이론은 거의 인정이 되지 않는 분위기지만 아직도 교육이나 자기계발 분야에서는 활발하게 사용이 되고 있습니다.

그에 비해서 삼중뇌 이론은 아직까지 통용되고 있으나 많이 사용되지 않고 있는 경향이 있습니다.

삼중뇌란 인간의 뇌는 세 겹으로 이루어져서 가장 안쪽에 본능을 담당하는 파충류의 뇌가 있고 그 위에 감정을 담당하는 포유류의 뇌가 있으며 가장 외측에 절제와 합리성을 관장하는 인간의 뇌가 있다고 보는 것입니다.

앞서 멍하게 스마트폰을 사용해서 게임이나 유튜브를 할 경우 주로 망가지는 영역은 인간의 뇌에 해당합니다.

특히 이는 단지 신경의 약화만이 아닌 실제 피질의 손상으로 이어진다는 것이 문제입니다.

인간의 뇌가 망가짐

우리는 이제 더 이상 자연 생태계 속에 살고 있지 않습니다. 물론 자연재해와 같은 큰 사건에서는 자연 속에 노출이 되지만 대부분의 경우 자연보다는 사람들이 만들어 놓은 규칙과 룰의 세상인 문화 문명사회 생태계에서 살고 있는 것이지요. 그래서 인간의 뇌가 제대로 작동을 하지 않는다면 인생의 여러 가지 부분에서 문제가 생길 수 있습니다.

동물의 뇌나 포유류의 뇌는 자연 속에서의 생존을 목적으로 작동하기에 위급 상황이 닥치면 신체적인 반응을 하게 합니다. 심장 박동이 높아지거나 근육이 긴장하거나 하는 것이지요. 이렇게 해서 투쟁 도피 반응을 하게 됩니다.

이 경우 대개 빨리 결정을 하고 선택을 해야 합니다. 하지만 우리가 대부분의 시간을 보내는 문화 문명사회 생태계는 그렇게 빠른 선택을 요구하지는 않습니다. 그렇기에 멈추고 인지하고 판단할 시간이 충분한 경우가 대부분인 것이지요.

하지만 마음놓침 상태에서는 이러한 인간의 뇌가 가장 많이 손상이 됩니다. 그래서 어쩌면 요즘 문제가 많이 되는 분노 조절 장애와 같은 행동들이 나오는 것일지 모르겠습니다.

동물의 뇌가 활성화

동물의 뇌로 표현이 되는 부분은 주로 변연계와 그 주위가 됩니다. 주로 오래된 기억들과 감정 반응들이 나타나는 곳이지요. 동물의 뇌는 인간의 뇌가 충분히 활성화가 되지 못하면 여러 가지 부정적인 문제를 일으키게 됩니다. 대부분의 심리적인 문제들이 동물의 뇌가 인간의 뇌로부터 관리를 받지 못하기에 일어나는 것이지요.

인간의 뇌가 동물의 뇌를 통제하는 것도 좋은
것이 아니지만 방치를 한다면 더 큰 문제가
발생합니다.

마음챙김에서 멈추고 인지하는 것은 대개 인간
의 뇌가 정신을 차리고 동물의 뇌를 관리하는
것을 말하는 것입니다.

대부분의 정서적인 문제들은 방치된 동물의
뇌가 발하는 경우가 많습니다.

파충류의 뇌가 운전대를 잡음

"파충류의 뇌"

파충류의 뇌는 본능을 다스리며 대개 생존과 번식의 욕구에 따른 행위를 하게 합니다. 이 역시도 자연 생태계에서는 상당히 중요한 기능이지만 우리의 문화 문명사회 상태계에서는 그렇게 선한 결과를 내지 못하는 경우가 많습니다. 투쟁 도피 반응으로 해결되는 것이 그렇게 많지 않은 것이 오늘날 우리들의 삶이니까요.

"포유류의 뇌"

"인간의 뇌"

파충류의 뇌는 본능이기도 하지만 삶의 활력이기도 하며 맹목적인 사랑을 가능하게 하는 생명 그 자체를 다루기도 합니다. 그렇기에 파충류의 뇌가 발하는 생명력이 포유류의 뇌에서 긍정적인 감정으로 나타날 때 우리는 행복하고도 자신 있는 삶을 살 수 있는 것이지요.

이렇게 세 가지 뇌를 잘 활용하도록 하는 훈련법이 마음 챙김입니다.

오 토 파일럿 상태

인간의 뇌가 자신의 역할을 방임할 경우가 오토 파일럿 상태입니다. 이 상태는 대부분 우리가 익숙한 업무를 할 때 나타나게 되며 편하게 느끼고 뇌가 멍하니 있는 마음놓침이 되는 경우가 많습니다. 그렇기에 오토 파일럿에서 벗어나야 마음챙김이 확립이 됩니다.

대개 사건이 일어난 후에 그 때는 그것이 문제가 될 것이라고 생각하지 못했다는 변명을 듣습니다. 이러한 일들은 그 당시에 오토 파일럿 상태였다는 것입니다.

오토 파일럿 상태가 사건에 대한 책임을 피하게 해주지 못합니다. 그러므로 우리가 안전하게 삶을 유지하는 것에는 늘 깨어있는 상태가 필요한 것이지요.

마음은 치유의 대상이 아니라 훈련의 대상

서점에만 가보아도 무수하게 많은 힐링 서적들이 있습니다. 그중에서도 마음을 치유하는 방법에 대한 서적들이 상당히 많습니다. 하지만 시간이 지날수록 마음이 아픈 사람들이 더 늘어나면 늘어나지 줄어들지 않고 있습니다. 그래서 요즘은 심리학이 오히려 심리적인 문제를 만들어서 소비하도록 만든다는 비판이 있습니다.

과거에는 그러한 불편함이 정상이라고 여기는 것을 이제는 그러한 불편함이 없어져야 하는 문제라고 제시를 하고 학습을 시키고 있다는 것이지요.

"마음이란 야생동물에서 반려동물이 되도록 하는 과정이 필요"

많은 경우 이러한 심리 치유에 대한 서적들은 구입한 후에 거기에서 제시하는 방법을 사용해서 효과를 본다기보다는 자신의 문제를 짚어준 서적이기에 거기 방법을 언젠가 쓰면 나을 것이라는 희망만 줄 뿐입니다. 그래서 실제로는 변화가 없이 잠시의 안심만 있게 되는 것입니다.

마음이란 이렇게 치유를 통해서 나아지지 않습니다. 오직 자신이 잘 다루는 훈련을 해서 같이 살아가는 것이 바른길이지요. 마음이란 야생 동물과 같아서 친해지고 돌보아 주고 훈련을 시켜서 평생을 함께 나아가는 반려동물이 되도록 하는 과정이 필요한 것입니다.

뇌가소성 이론

요즘 들어서 뇌과학 계통에서 화두가 되는 것은 뇌가소성이라는 부분입니다. 이는 뇌가 특별한 방법을 취하면 새로운 신경망을 만들고 개선이 가능해진다는 이론입니다. 마음챙김 훈련이 각광을 받게 된 것은 존 카밧진 교수가 처음으로 오랜 기간의 연구를 통해 이것을 입증한 것에서 시작이 되었습니다. 마음챙김은 효율적으로 뇌의 기능을 개선하는 과학적으로 확인이 된 방법인 것이지요.

처음에 이야기한 명상과 마음챙김의 차이는 바로 이 부분에서 시작이 됩니다. 명상은 통찰력 있고 지혜로운 사람이 되는 것이 목적이지만 마음챙김은 타고난 나의 능력을 최적화하는 것에 중점을 두고 있는 것입니다.

21일 습관 교정

뇌가소성 이론에서 습관이 바뀌는 것은 최소 3주인 21일이 걸리는 것으로 알려져 있습니다. 그러므로 마음챙김은 한 번에 뇌의 상태를 바꾸어주는 마법과 같은 것이 아닙니다.

오히려 꾸준히 해서 몸매를 만드는 헬스와 비슷한 것이지요. 그래서 치유가 아닌 훈련이라고 하는 것입니다.

또한 21일간 꾸준히 마음챙김을 하면 마음챙김 자체가 하나의 습관이 됩니다. 처음에는 모든 것을 알아챌 정도로 정신을 차리는 것이 피곤하지 않을까 하겠지만 21일의 훈련이 지나면 오히려 멍하게 있는 것이 얼마나 힘든 일인지 알게 됩니다.

그러므로 이제 21일간 함께 마음챙김을 해보도록 하지요.

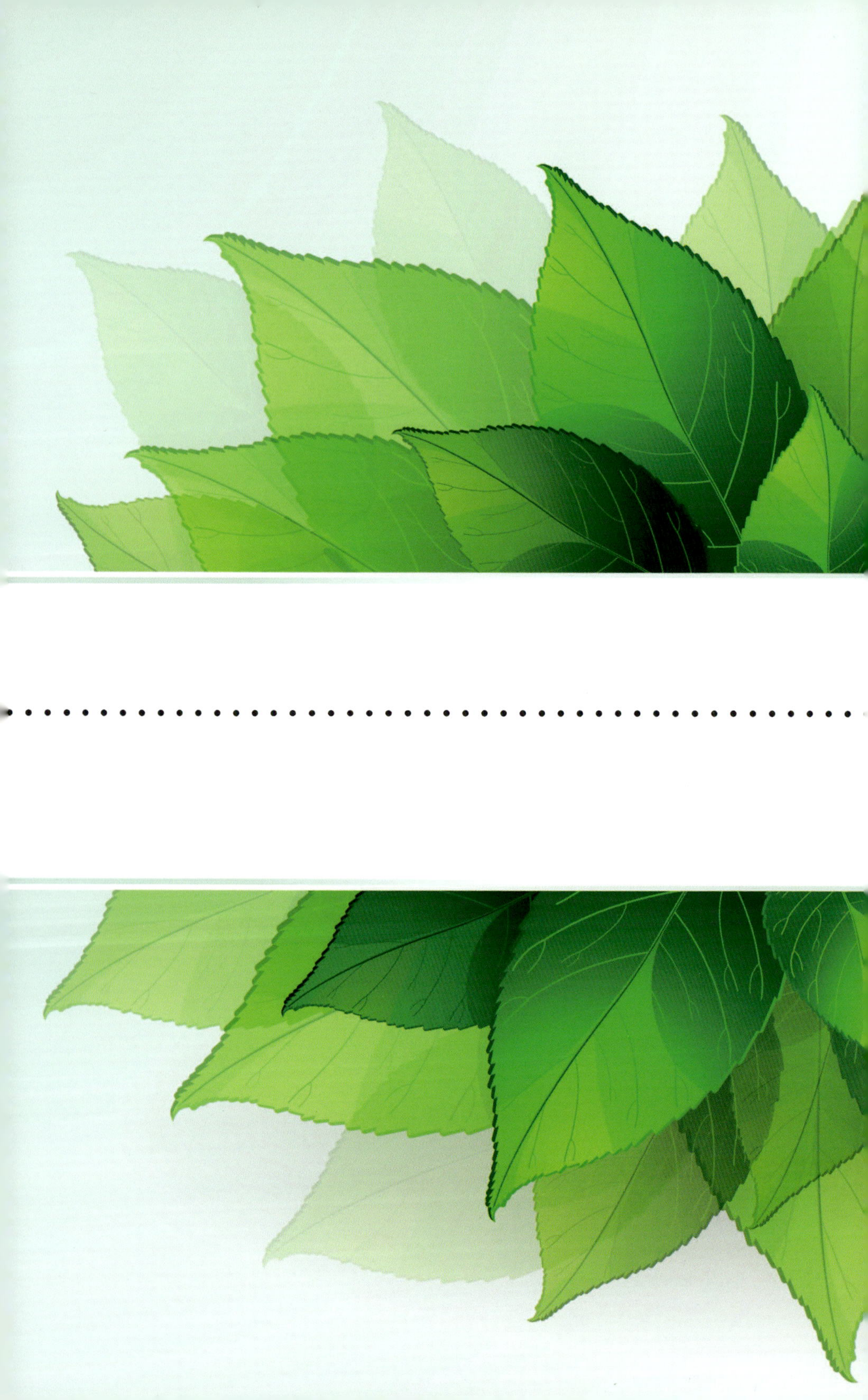

3. 마음챙김 지금 당장 시작해보자

한호흡 명상

그러면 이제 마음챙김을 당장 시작해 보도록 하지요. 따로 무언가 준비할 필요가 없습니다. 일단 마음챙김을 하는 것으로 마음챙김을 시작하는 것입니다. 이 방법은 구글에서 마음챙김을 가르치는 구글 엔지니어 차드 멍 탄의 방법이기도 합니다. 하는 방법은 마음을 먹는 것입니다. 지금부터 숨을 들이마시고 내쉴 텐데 이 한 호흡만 호흡의 시작부터 끝까지 느껴보겠다고 마음을 먹으세요.

마음을 먹었나요? 그러면 숨을 들이마시도록 하세요. 그러면 코끝에 공기가 간지럽히는 느낌과 기도를 통해서 폐에 공기가 차오르는 과정이 느껴질 것입니다. 이제 다시 숨을 내쉬도록 하세요. 폐의 압력이 줄어들면서 공기가 밖으로 나가고 코끝에서 다시 공기의 간지럽힘이 일어날 거예요.

자, 잘 느껴지셨나요? 축하합니다! 마음챙김을 해내셨습니다. 이제 앞으로의 인생은 과거와는 전혀 다른 모습이 될 것입니다. 단 한호흡입니다. 마음챙김의 시작인 멈춤을 할 수 있는 비법이 단 한호흡이라는 것입니다. 한호흡도 기다려 주지 못할 만큼 급박한 상황은 거의 없습니다. 다른 모든 것을 멈추고 딱 한호흡만 처음부터 끝까지 느껴보기, 이것이 마음챙김인 것입니다.

차 한잔의 명상

차드 멍 탄은 어린 시절에 고급 레스토랑을 부모님과 함께 갔었다고 합니다. 그때 정말로 비싼 요리를 먹게 되었는데 너무나도 맛있어서 그 맛을 제대로 느끼지 못할까 봐 온 정신을 집중에서 먹었다고 합니다. 꼭 요리가 아니라고 해도 이러한 경험이 있었을 것입니다. 이제 온 마음을 다해서 깊이 음미하는 시간을 가져보도록 할까요?

커피나 홍차나 녹차나 어떤 것이 되었건 차를 한잔 마시도록 하지요. 가능하면 지금 준비해 보세요. 그리고 이 차 한잔은 수백 년 동안 이 차를 다루는 장인 집안에서 수십 년에 딱 한 번 나오는 것이라고 하지요. 천천히 찻잔에 손을 댑니다. 그리고 살짝 찻잔을 들어보겠습니다. 손에 느껴지는 느낌을 느껴보세요. 그리고 눈에 들어오는 모습을 보세요. 그리고 코에 다가오는 향을 음미합니다. 천천히 마음을 다해서 이 차 한잔을 음미할 것입니다. 다른 생각은 잠깐 놓아두도록 해요. 이 한잔의 가치보다 더 높은 가치는 없습니다. 이제 입가로 가져오면 차의 온도가 느껴지고 입술에 찻잔이 닿으며 첫 한 모금을 나 자신에게 초대합니다.

그리고는 천천히 차를 다시 입에서 떼에서 눈앞에 들고 입으로는 차를 맛보고 코로는 향을 즐기고 눈으로는 차의 색을 감상합니다. 천천히 차를 내려놓습니다. 이렇게 차를 마시는 형식이 아니라 차 자체만 느끼는 것을 무아차회(無我茶會)라고 합니다. 한호흡 차 한잔으로 우리는 마음챙김의 세계에 들어왔습니다.

강아지 명상 1

강아지 명상도 차드 멍 탄의 방법입니다. 이제 조금 길게 마음챙김을 해보려 합니다. 편안하게 앉아서 호흡을 바라볼 것입니다. 호흡을 큰 나무라고 여기고 내 마음을 강아지라고 여기도록 합니다. 내 마음은 오랜만에 공원에 놀러 온 강아지처럼 여기저기 돌아다니고 싶어 합니다. 그러면 그러도록 내버려 두지만 너무 멀리 가거나 남에게 폐를 끼칠 것 같으면 다시 내가 있는 나무로 데리고 오는데 강아지를 잘 달래서 부드럽게 인도해서 데리고 와야 합니다.

중요한 것은 마음으로 호흡을 챙겨야 하니
'지금부터 내 마음이 여기 꼭 있어야 해!'라는
생각을 하지 않는 것입니다. 오랜만에 내 마음이라는
강아지를 데리고 중앙에 큰 나무가 있는 공원에 옵니
다. 나는 나무에 기대서 꽃과 잔디와 푸른 하늘과 하
얀 구름과 상쾌한 바람 속에서 내 마음이라는 강아
지가 뛰어노는 것을 바라봅니다. 아직 강아지는 나와
별로 친하지 않아서 제멋대로지만 괜찮습니다.
중요한 것은 내가 큰 나무 아래에서 강아지와
만났다는 것이니까요.

호흡을 마음챙김 하려 할 때 너무 딱딱해지지 않아야 합니
다. 그냥 마음이 호흡에서 벗어나면 벗어난 그대로 놓아두
며 따뜻한 시선을 보냅니다. 그리고 너무 마음이 멀리 갈
때만 자상하게 호흡으로 돌아오도록 하는 것이지요.

강아지 명상 2

여기까지 도달하는데 어떤 사람은 한 번에 어떤 사람은 한 달이 넘겨 걸려서 오게 됩니다. 하지만 괜찮습니다. 마음챙김은 누구와 경쟁하는 것이 아니니까요.

이제 강아지와 의사소통이 되기 시작했습니다. 내가 나무로 돌아오라고 눈짓을 하면 강아지는 큰 나무로 뛰어옵니다. 그리고 한번 다가오면 다른 공원의 풍경보다 강아지는 나와 함께 놀고 싶어 합니다. 내 옆에 있는 강아지와 나무 그늘에서 편안하게 시간을 보냅니다.

호흡이라는 큰 나무 아래에서 나는 나의 마음이라는 강아지와 행복한 시간을 보낼 수 있습니다. 이제 호흡에 마음을 두고 있는 시간이 너무나도 아름답고 행복합니다. 이렇게 마음챙김으로 행복한 호흡을 느끼게 되면 점점 더 마음의 근육이 단단해지는 것을 느끼게 됩니다. 그리고 이것은 일상에서 내가 일을 처리할 때 내 마음을 더 잘 사용할 수 있게 해줍니다.

원초음 명상 1

마음챙김이란 마음으로 대상을 챙기는 것입니다. 그렇기에 마음과 대상이 필요합니다. 위의 강아지 명상에서는 마음이 강아지이고 대상이 호흡으로 큰 나무가 되었습니다. 이번에는 호흡을 대상으로 하지 않고 다른 것을 대상으로 하는 것을 해보도록 하겠습니다. 원초음은 인도의 점성학을 기반으로 내가 태어난 그 순간에 우주에 흐르는 음을 찾아서 그것을 대상으로 마음으로 챙기는 것입니다.

원초음은 아직 한 생각도 일어나기 전에 최초로 경험한 소리기에 이 음을 마음으로 들으면서 있으면 마음이 고요해지는 공효가 있습니다. 다만 중요한 것은 위의 강아지 명상처럼 강아지를 억지로 원초음을 들으라고 해서는 안 됩니다. 강아지를 자상하고 부드럽게 데리고 와서 원초음 안에서 행복한 놀이를 하도록 하는 것입니다. 그러면 강아지는 점차로 나의 옆에서 잠이 들고 나는 내 앞에 펼쳐진 찬란한 비어있음으로 들어가게 됩니다. 이러한 고요하고 평화로움을 우뻬카라고 해서 싸띠(마음챙김)와 우뻬카(평화로운 고요함)는 서로가 서로를 키우게 됩니다.

여기에서 소개하는 원초음 명상은 특정 단체의 원초음 명상과 무관하며 인도 점성학을 바탕으로 해외 온라인 사이트들에 공개된 방식을 따릅니다. 그렇기에 특정 단체의 원초음 명상의 여러 결과를 공유하지 않으며 단지 마음챙김의 대상으로 사용할 뿐입니다. 그러므로 특정 공효를 원하실 경우 해당 단체의 원초음 명상 과정을 정식으로 배우는 것을 권장합니다.

원초음 명상 2

그러면 원초음을 찾아보도록 해요. 원초음을 찾는 것은 어렵지 않지만 몇 가지 단계를 거쳐야 합니다. 우선 다음의 사이트에 가서 생년월일시와 태어난 장소를 입력하도록 합니다.

https://www.prokerala.com/astrology/nakshatra-finder/

주의할 부분은 태어난 곳을 입력할 때 Seo 정도 쓰게 되면 아래에 'Seoul Korea'라고 뜨는데 아래에 뜨는 글씨를 클릭해서 입력해야 합니다. 이렇게 입력한 후에 어떤 낙사트라 몇 번째 파다인지를 찾습니다.

예를 들면, 1984년 8월 4일 오후 8시에 한국에서 태어난 경우를 보도록 하지요.

Enter birth date in nakshatra calculator to find nakshatra

This nakshatra finder or **nakshatra calculator** helps you find your *janma nakshatra*. Please enter exact time and place of birth for accurate result.

BIRTH DATE
1984 / Aug / 04

BIRTH TIME
08 : 00 AM

LANGUAGE
English

PLACE OF BIRTH
seo
Seoul, Seoul, South Korea

Enter your birth details and hit 'Find Nakshatra'.

Your Nakshatra and Zodiac

Given below is the *Janma nakshatra* & related information for your input with birth date *August 4, 1984* & birth place *Seoul, South Korea*

Janma Nakshatra is Swati

Date & Time	Aug 4, 1984 - 8:00 am KST (+09:00) Birth chart & planet position →
Weekday	Saturday View panchang for this day →
Nakshatra	**Swati, 3rd Pada** Aug 03, 03:35:29 PM to Aug 04, 02:35:01 PM
Chandra Rasi *(Janma Rasi)*	Tula Detailed janam kundli →

3. 마음챙김 지금 당장 시작해보자

원초음 명상 3

낙사트라	파다1	파다2	파다3	파다4
Ashvini Nakshatra	Chu (추)	Che (체)	Cho (초)	La (라)
Bharani Nakshatra	Li (리)	Lu (루)	Le (레)	Lo (로)
Krittika Nakshatra	A (아)	I (이)	U (유)	E (에)
Rohini Nakshatra	O (오)	Va (바)	Vi (비)	Vo (보)
Mrigashira Nakshatra	Ve (베)	Vo (보)	Ka (카)	Ke (케)

Ardra Nakshatra	Ku (쿠)	Gha (가)	Na (나)	Chha (쳐)
Punarvasu Nakshatra	Ke (케)	Ko (코)	Ha (하)	Hi (히)
Pushya Nakshatra	Hu (후)	He (헤)	Ho (호)	Da (다)
Ashlesha Nakshatra	Di (디)	Du (두)	De (데)	Do (도)
Magha Nakshatra	Ma (마)	Mi (미)	Mu (무)	Me (메)
Purvaphalguni Nakshatra	Mo (모)	Ta (타)	Ti (티)	Tu (투)
Uttaraphalguni Nakshatra	Te (테)	To (토)	Pa (파)	Pi (피)
Hasta Nakshatra	Pu (푸)	Sha (샤)	Na (나)	Tha (타)
Chitra Nakshatra	Pe (페)	Po (포)	Ra (라)	Ri (리)
Svati Nakshatra	Ru (루)	Re (레)	Ra (라)	Ta (타)

Vishakha Nakshatra	Ti (티)	Tu (투)	Te (테)	To (토)
Anuradha Nakshatra	Na (나)	Ni (니)	Nu (누)	Ne (네)
Jyeshta Nakshatra	No (노)	Ya (야)	Yi (이)	Yu (유)
Mula Nakshatra	Ye (예)	Yo (요)	Ba (바)	Bi (비)
Purvashadha Nakshatra	Bu (부)	Dha (다)	Bha (바)	Dha (다)
Uttarashadha Nakshatra	Be (베)	Bo (보)	Ja (자)	Ji (지)
Shravana Nakshatra	Ju (주)	Je (헤)	Jo (조)	Gha (가)
Dhanishta Nakshatra	Ga (가)	Gi (이)	Gu (구)	Ge (게)
Shatabhisha Nakshatra	Go (고)	Sa (사)	Si (시)	Su (수)
Purvabhadhrapada Nakshatra	Se (서)	So (소)	Da (다)	Di (디)

Uttarabhadhrapada Nakshatra	Du (듀)	Tha (타)	JNa (쟈)	Da (타)
Revati Nakshatra	De (디)	Do (도)	Cha (쟈)	Chi (쉬)

위의 도표에서 비자 만트라(종자 진언)를 찾도록 합니다. 그리고서 비자 만트라의 끝에 ㅁ을 붙이는데, 이는 달빛을 반영하는 빈두를 활성화합니다. 이렇게 비자 만트라에 ㅁ을 붙인 것을 원초음이라고 합니다. Vishaka, 1st Pada인 위의 경우라면 비자 만트라가 '티'가 되며 원초음은 '팀'이 됩니다. '옴 원초음 나마'가 원초음 명상에 사용하는 만트라가 됩니다. 위의 경우라면 '옴 팀 나마'가 됩니다.

"옴은 '신성하다'는 의미이고,
나마는 '나의 뜻이 아니다'라는 의미입니다."

원초음 명상 4

이제 자신의 원초음을 찾았으면 그것으로 만트라를 만들어서 마음속으로 고요하게 외웁니다. 처음에는 내가 마음속으로 말을 하듯이 하지만 익숙해지면 마음속에서 원초음을 듣는 기분으로 행합니다. 앞서의 호흡을 마음으로 챙기듯이 편안하게 강아지 같은 내 마음이 원초음을 귀를 쫑긋하고 들을 때까지 고요하게 원초음을 일으킵니다.

모든 것을 내려놓고 편안하게 내가 태어나자마자 들었던 익숙한 소리인 원초음으로 마음을 돌립니다. 그러면 마음챙김인 사띠가 평화로운 고요함인 우뻬카를 이끌고 평화로운 고요함인 우뻬카가 마음챙김인 사띠를 키우게 됩니다.

원초음 명상 5

원초음 명상은 빈두를 활성화하고
빈두는 달빛을 끌어들여서 몸과 마음을 정화합니다.
원초음 명상을 하다 보면
눈앞에 환한 빛무리가 나타나게 됩니다.
이를 불교에서는 니밋따라고 하고
요가에서는 함사(백조)라고 합니다.
마치 흰 백조가 너울거리는 것과 같다고 하며
삼세의 업을 정화하게 된다고 알려져 있습니다.

만일 이렇게 빛이 보이면 원초음을 놓아두고 빛을 마음으로 챙기도록 합니다. 이 빛은 호흡을 챙겨도 나타나지만 경험상 원초음 명상에서 더 쉽게 나타나는 것 같습니다. 이 빛이 나타나면 그저 마음 편하게 그 빛을 감상하고 너울거리는 백조의 춤을 보도록 합니다. 함께 춤을 추어도 좋구요. 이 빛의 백조가 나타나면 이제 마음챙기는 힘은 정말로 강력해져서 마음을 잘 다룰 수 있는 지혜가 생겨나게 됩니다.

정법안장 1

이 정법안장은 눈으로 보는 화두와 같다고 정명 스님께서 가르쳐 주셨습니다. 그 방법은 다음과 같습니다.

1) 손등을 만져서 손등의 질감을 느껴본다.

2) 손등을 눈으로만 보고 눈빛이 손등까지 가서 손등의 느낌을 시선으로 느끼도록 한다.

3) 아직 만져보지 않은 테이블이나 주변 물건의 질감을 시선으로 느껴본다.

4) 타인의 피부나 옷의 질감을 그렇게 보고 느껴본다.

정법안장 2

눈빛으로 눈앞에 보이는 모든 사물의 질감을 음미하는 것이 정법안장입니다. 이 명상법의 좋은 점은 우리가 너무 내면으로만 들어가지 않도록 해줍니다. 우리는 내면을 훈련해서 현실을 살아가기 위한 힘을 얻으려 하는 것이니까요.

또한 정법안장은 바라보는 힘을 강하게 만듭니다. 외부의 모습들만이 아니라 내면의 감정이나 갈등도 이렇게 질감을 볼 수 있게 해줍니다.

본다와 느낀다라는 두 가지 요소가 부드러운 메타인지를 만들게 됩니다. 보는 것은 떨어져서 보는 것이기에 메타인지를 작동시키고 질감을 느끼는 것은 접촉하고 소통하는 것이기에 부드러움과 자상함을 만들어 냅니다.

정식 마음챙김 훈련 방법

정식으로 훈련을 할 경우에는 허리를 펴고 단정하게 앉습니다. 꼭 정좌를 해야 할 필요는 없고 의자에 앉거나 해도 됩니다. 다만 의자에 앉을 경우에는 등받이에 등을 기대지 않도록 합니다.

1) 한호흡을 마음으로 챙긴다.

2) 정법안장을 한다.

3) 차 한잔의 명상(생활 마음챙김)이나 강아지 명상(호흡 마음챙김)을 한다.

4) 원초음 명상을 한다.

5) 정법안장을 한다.

하루에 10분 정도씩 여러 차례 나누어서 하면 됩니다. 한호흡 명상은 시간 날 때마다 한 번씩 하도록 하고 차 한잔의 명상은 생활 속에서 여러 가지 일을 할 때 그를 대상으로 해보면 좋습니다. 정법안장도 가능하면 시간 날 때마다 아주 잠깐씩 해보도록 합니다.

매력적인 사람 되기

앞서 이야기한 그대로 매력적인 사람이란 자신의 중심이 잡혀있으면서도 여유가 있고 더 나아가서 따뜻한 감성까지 갖춘 사람을 말합니다. 마음챙김은 각각의 사람에게 각각의 다른 방식으로 매력을 일으키게 됩니다. 위의 정식 마음챙김 훈련을 꾸준히 21일간 하면 새로운 자신을 발견하게 되고 100일간 하면 새로운 인생을 살게 될 것입니다.

세상은 멈추지 않고 흐르고 있습니다. 그런 세상과 싸우느라 긴장되고 짜증 나는 사람은 스스로의 매력을 갉아먹게 됩니다. 마음챙김으로 얻은 마음의 힘은 세상을 바꾸는 것이 아니라 세상을 대하는 나의 태도를 바꾸게 됩니다. 그리고 이러한 멈추고 세상이 흐르도록 허용하는 것이 진짜로 강한 사람이라는 것을 알게 됩니다.

화룡의 숨결

하지만 위의 훈련 자체가 힘든 분들이 있습니다. 오랜 시간 뇌가 스트레스에 노출이 되어 있었으면 특히 더 그렇습니다. 뇌와 함께 현재 주목을 받는 신경이 미주신경입니다. 미주신경은 몸과 마음을 연결하는 신경이라고 알려져 있습니다. 파충류의 뇌가 발생시키는 투쟁 도피 반응을 실행하는 신경이지요. 공황장애와 같이 갑작스럽게 닥쳐오는 공포감은 미주신경의 기능이 실조되어서 일어나는 것이기도 합니다.

그렇기에 마음만 몸에 영향을 주는 것이 아니라 몸도 마음에 영향을 줍니다. 이를 적절하게 관리해주는 것이 미주신경이며, 미주신경을 깨우는 방법이 화룡의 숨결입니다. 방법은 간단해서 일단 숨을 다 내쉬고서 깊이 숨을 들이마십니다. 그리고서 코로 강하고 빠르게 숨을 내쉬는데 아랫배를 깊이 척추 쪽으로 당기면서 강하게 내쉽니다.

이렇게 세 번 정도 호흡을 하면 미주신경이 잠에서 깨어나게 됩니다. 그런 후에 한호흡 명상을 하면 엄습하는 공포감에서 벗어나서 멈출 수 있습니다.

정말로 마음에 드는 사람과 만날 때는 어떻게 할까요?

많은 경우 내가 정말로 좋아하는 사람과는 잘 맺어지지 못한다고 합니다. 이상하게 긴장을 해서 실수를 하고 혼자서 쓸데없는 망상을 해서 실망을 하고 또 실망을 시킨다는 것이지요. 그 이유는 상대방에 대한 높은 가치 부여가 있어서 그렇습니다. 그리고 상대방을 진짜 살아 있는 생명이 아닌 내 머릿속에 이상화된 인격이라는 기능으로 대해서 그렇습니다.

인격이 아닌 생명으로 대하는 것이 좋아하는 사람 앞에서 매력적인 사람이 되는 것이지요.

그 방법은 정법안장을 활용하는 것입니다. 상대방의 피부나 옷의 질감을 시선으로 음미하는 것입니다. 그러면 상대방도 나와 같은 생명이며 그렇기에 아프다는 것을 알게 됩니다. 그럴 때 내가 상대방을 내 마음에 드는 사람이 아닌 진짜 하나의 생명으로 보게 됩니다. 편의점에서 아르바이트생을 대할 때 우리는 그 사람을 돈을 계산해주는 기능으로 보지 진짜 살아있는 생명으로 보지 않습니다. 그럴 때 우리 눈빛은 눈에서 몇 cm 밖에는 나아가지 않고 있습니다. 이렇게 정법안장으로 사람을 보면 그 사람은 그를 알아차리고 그 사람도 나를 그렇게 보아주게 됩니다.

그러면서 오직 그 사람만을 보는 것이 아니라 그곳에서 일어나는 다른 일들에 대해서 차 한잔의 명상을 하듯이 음미하면서 그 순간을 즐기도록 하세요.

빛나는 매력

미국 드라마 '슈퍼걸'에서 연애로 고민하는 슈퍼걸에게 캣코 사장인 캣 그랜트는 이렇게 조언을 합니다.

"Try less, shiny more!"
(사랑받으려 애쓰는 것을 줄이고 스스로 빛나기를 늘려라)

또한 영화 '월터의 상상은 현실이 된다'에서도 비슷한 이야기가 나옵니다.

"Beautiful things don't ask for attention."
(아름다운 존재는 관심을 구걸하지 않는다)

많은 시간을 타인의 의도를 알아채기 위해서 낭비하고 있습니다. 우리는 우리들의 행동에 대한 의도조차도 다 모르면서 말이지요. 그렇기에 마음챙김으로 길러진 힘은 타인의 행동에 대한 의도를 찾으려는 마음을 멈추고서 그 에너지를 내가 빛나는 것에 쓸 수 있게 해줍니다. 그렇기에 관심을 구걸하지 않아도 관심을 받는 아름답고 매력적인 존재가 될 수 있는 것이지요.

4. 최상의 몰입을 가능하게 하는 자비관

왜 몰입을 못하지?

몰입이 한 가지 화두가 되고 있습니다. 우리는 어떤 일이 꼭 필요하고 그렇게 어렵지 않다는 것을 알면서도 그것을 시작하지 못하는 경우가 많습니다. 이것은 우리의 마음이 훈련이 되지 않아서입니다. 무언가를 시작하면 그것을 계속할 수 있는데 그것의 시작을 방해하는 것이지요. 그래서 그 일을 제외한 다른 일들을 하게 만듭니다. 청소라든지 또는 갑자기 다른 일에 신선한 아이디어들이 떠오릅니다.

그래서 몰입을 하는 방법에 대한 여러 가지 이론과 실천법이 나오고 있습니다만 모든 방법들이 일정량 이상의 노력을 해야 하기에 쉽지 않습니다. 그런데 생각해보면 그렇게 노력하지 않아도 너무도 쉽게 몰입을 할 수 있는 일들이 있습니다. 대부분 생산적이지 못하다고 하는 게임이라든지 이러한 것들이지요.

"몰입은 마음의 훈련이 필요!"

사랑

몰입의 키워드는 사랑입니다. 내가 사랑하는 일에는 우리는 저절로 몰입이 됩니다. 처음 사랑에 빠졌을 때 새벽에 일어나서 그 사람을 위해서 무언가를 준비하는 일은 전혀 고통스럽지 않습니다. 우리가 몰입을 못하는 것은 사랑하지 않기에 그런 것이지요. 이러한 사랑하는 마음을 쉽게 일으킬 수 있다면 우리는 우리가 원하는 일에 몰입할 수 있습니다.

부처님께서 수천 년 전에 밝히신 자비관은 가장 뛰어난 몰입을 하는 방법입니다. 마음속에 자비의 마음이 가득하면 무엇이든 내 마음에 들어오는 것을 허용하고 자상하게 그를 받아들일 수 있으니까요.

염오

반대로 싫어하고 혐오하는 것으로부터는 쉽게 멀어집니다. 그렇기에 부드러운 메타인지가 아니라 단순히 떨어져서 바라보는 메타인지는 혐오하기에 그런 경우도 많이 있습니다. 이러한 메타인지는 자신을 제외한 세상을 단지 도구로만 보게 만들 수 있습니다. 그렇기에 부드러운 메타인지를 키워야 하는 것이지요.

하지만 이러한 싫어하고 혐오하는 것을 훈련하는 방법도 있습니다. 이를 백골관이라고 합니다.

이를 통해서 우리의 집착이나 우리의 좋지 않은 습관으로부터 벗어날 수 있는 것이지요. 그렇지만 오직 특별한 상황에서만 사용하는 것이 좋습니다.

훈련의 방법

자비관은 사무량심이라는 자비희사를 키우는 것입니다.

자비희사는 자상함과 연민과 다른 사람의 행복을 나의 행복처럼 함께 기뻐하는 것과 평화로운 고요함을 말합니다.

앞서의 우뻬카에 해당하는 단어가 자비희사의 사에 해당합니다.

그래서 우뻬카를 키우는 것은 자비관을 통해서 일어나게 됩니다.

"자비희사는 자상함, 연민, 타인의 행복을
나의 행복처럼 기뻐하는 것, 그리고 평화로운 고요함"

> 1) 가장 사랑스러운 대상을 떠올린다.
> 2) 그 대상에게 사랑하는 마음으로 접촉한다.
> 3) 그러한 마음을 점차로 키워서 무관한 존재들에게까지 퍼져나가도록 한다.
> 4) 내가 미워하고 싫어하는 대상들에게도 이 자비로운 마음이 펼쳐지도록 한다.

이렇게 해서 늘 원할 때 사랑스러운 마음이 일어나면 내가 하고자 하는 대상에 몰입을 할 수 있습니다.

5. 효율적 업무처리

모든 면에서 매력적인 사람이 되기

앞서의 마음챙김으로 얻어진 힘은 사람들에게 매력적인 사람으로 보여지게 됩니다. 이제 여기에서 조금 더 나아가서 업무상 뛰어난 사람이 되는 것을 살펴보겠습니다. 니체의 권력에 대해서 아들러가 명확한 답을 주었습니다.

권력이란 공동체에 공헌하는 것으로 얻게 되는 것이며, 그 결과 자기 효능감을 얻어 열등감을 극복하게 된다는 것이지요. 그렇기에 마음챙김으로 공동체에 공헌하는 것으로 매력적인 사회인이 되는 길을 함께 살피도록 하겠습니다.

공동체에 공헌을 하기 위해서는 몇 가지 과제가 생기게 됩니다. 그중에서 첫 번째로 마주치는 것이 업무과제입니다.

주어진 업무를 어떻게 하면 효율적으로 해결하는가 하는 것이지요. 마음챙김은 이러한 부분에 있어서도 상당히 강력한 도구가 됩니다.

포텐셜 프로젝트란?

라스무스 호가드가 개발한 마음챙김을 통한 생산성 향상 기법입니다. 마음챙김에서 가장 좋지 못한 것은 한 번에 여러 가지를 하는 멀티 태스킹입니다. 실제로 멀티 태스킹은 업무 효율을 낮추는 것은 물론이고 뇌 기능도 약화 시키게 됩니다. 멍하게 있는 것과 여러 가지를 동시에 생각하는 것은 뇌에 큰 스트레스를 주는 것이지요.

이러한 업무 환경에서의 환경을 포텐셜 프로젝트에서는 PAID 현실이라고 합니다.

P - Pressure (압박)
A - Always on (상시 연결)
I - Information overload (정보 과부하)
D - Distracted (산만함)

마음챙김은 이러한 것을 해결해주어서 업무 효율성과 생산성의 증가를 가져오게 됩니다. 그 결과로 공동체에 공헌을 하며 권력을 얻고 그 권력으로 자기 효능감을 가진 매력적인 한 사람의 사회인이 되는 길이지요.

정신적 효과성의 매트릭스

집중됨

1 몰입	2 마음챙김
3 아무 생각 없음	4 창의적임

오토파일럿모드 … 열린 자각

산만함

첫 번째 원리: 선택한 것에 집중하기
두 번째 원리: 방해물들을 마음챙김으로 선택하기

※출처 : 1초의 여유가 멀티태스킹 8시간을 이긴다 [불광 출판사]

1. **몰입** : 보통 닫힌 마음챙김이라고 하는 상태로 사마타라는 명상과 관련이 깊습니다. 하지만 모든 업무에 몰입이 필요하지는 않기에 선별적인 사용이 필요합니다.
2. **마음챙김** : 여기에서의 마음챙김은 열린 마음챙김으로 위빠사나라는 명상과 관련이 됩니다. 이 상태는 메타적(객관적)으로 자신의 상태를 체크할 수 있으면서도 자신의 작업과 떨어지지 않는 접촉이 이루어지는 부드러운 메타인지 상태로 대부분의 업무에 효율적입니다.
3. **아무 생각 없음** : 멍하니 있는 상태로 마음놓침의 두 가지 상태 중 한 가지입니다. 가장 업무 효율이 떨어지는 상태이며 마음챙김을 통해 벗어나야 하는 의식 상황입니다.
4. **창의적임** : 산만한 생각의 파편들이 떠오르지만 때때로 좋은 아이디어나 창의적인 해결책들을 얻을 수 있기에 역시 제한적으로 유용한 상태입니다.

이러한 4가지 의식상태 중에서 선별적으로 현재 업무에 적합한 상태를 구분하고 구현하는 것도 부드러운 메타인지에서 가능해집니다.

GTD 1

포텐셜 프로젝트의 정신적 효과성의 매트릭스를 이해했으면 이제 GTD를 통해서 실제 업무 효율성을 높이는 방법을 배워보도록 하겠습니다. GTD는 'Getting Things Done'의 약자로 데이비드 알렌이 창시한 기법입니다. 이어지는 내용은 항상 좋은 글을 써주셔서 늘 도움을 많이 받고 있는 미국 뇌과학자 제비우스(인터넷 닉네임)님의 글을 인용합니다.

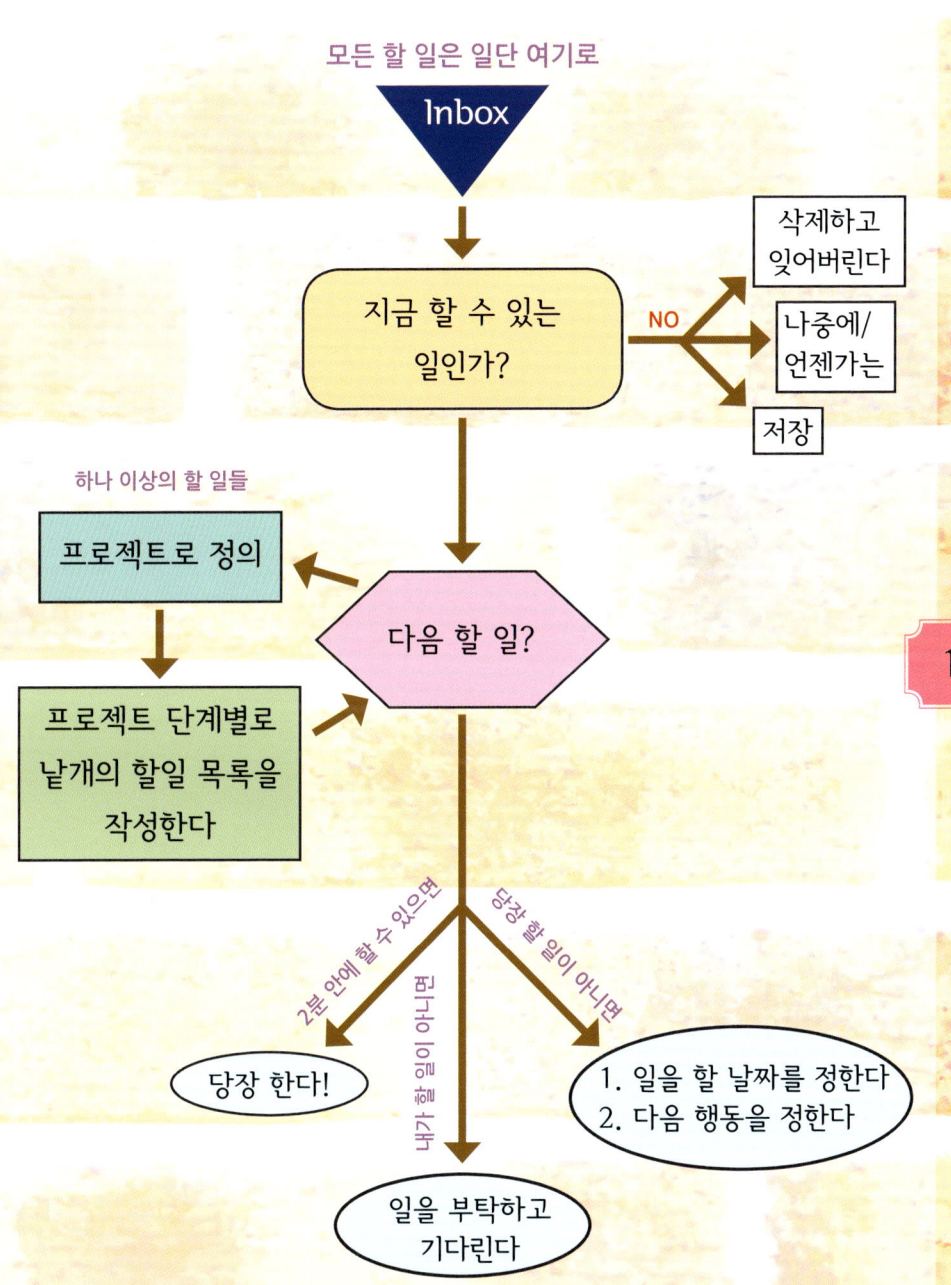

GTD 2

1. 우선 모든 할 일은 인박스로 모읍니다. 경우에 따라서 할 일 관리 프로그램으로 모을 수도 있지만 오프라인에도 인박스가 있으면 좋습니다.

2. 인박스 분류를 합니다. 우선 내가 할 수 있는 일인가 아닌가를 생각합니다.

3. 내가 할 수 없는 일인 경우, 안 해도 되는 안 중요한 일이면 그냥 버립니다.

4. 당장은 안 해도 되지만 장기적으로 하고 싶거나 중요한 일 (외국어 배우기 등등)이면 '나중에' 폴더에 넣어두고 여유가 생기면 돌아와서 합니다.

5. 안 해도 되지만 나중에 자료로써 필요한 일이면 저장해둡니다.

6. 할 수 있는 일이거나 해야 하는 일이면 다음 할 일(Next Action)이니까 분류작업을 합니다.

7. 작게 나눌 수 있는 일은 일단 프로젝트로 분류하고 가능한 작게 나눕니다.(예: 논문을 쓴다 → 문헌 조사, 자료 정리, 데이터 정리, 통계, 그림 자료 만들기, 서론, 본론, 결론, 고찰, 초록 등으로 나누고 여기서 더 나눌 수도 있습니다)

8. 한 가지 행동만으로 구성된 다음 할 일을 분류합니다.

9. 2분 안에 할 수 있으면 당장 한다.(이메일/문자 답장, 전화걸기 등)

10. 내가 할 일이 아니면 적절한 사람에게 부탁/위임합니다.

11. 지금 당장 해야 하는 일이 아닌 경우 가급적 빨리하면 좋은 일과 날짜가 정해진 일(미팅 등)로 나누고 날짜가 정해진 일은 달력에 기록하고 가급적 빨리하면 좋은 일들을 합니다.

GTD 3

우선 중요한 부분은 1번과 9번입니다. 업무에서 가장 시간 낭비가 심한 부분이 내가 어떤 일을 하는 중에 다른 할 일이 발생할 경우 그걸 신경 쓰느라 현재 업무의 효율이 낮아지는 경우입니다. 물론 급한 일이면 당장 그 일을 해야겠지만 그게 아니라면 이메일, 문자, 새로운 문서자료 등은 그냥 인박스로 몰아넣고 지금 하는 일에 집중합니다. 그리고 하던 일을 마치고 나면 인박스 분류를 합니다.

9번은 그림 상으로는 두 단계 아래쪽에 있지만 실제로는 인박스 분류작업을 하면서 할 수 있는 일이고 시간이 얼마 안 걸리면 당장 하는 겁니다. 나에게 할당된 일에 대해 기억이 가장 생생할 때는 바로 내가 처음 그 일을 본 시점입니다. 만약에 그 일이 2분 안에 할 수 있는 일이면 지금 해버리는 게 가장 빠릅니다.

이런 일을 일단 미루고 몇 시간/며칠 후에 처리하려면 당장 하는거에 비해 몇 배나 오래 걸립니다. 보통 업무 중엔 이런 잡다한 작은 일이 하루에 여러 번 발생할 텐데 그런 일을 당장 처리하면 절약하는 시간이 매일 한두 시간은 될 겁니다.

내 의사와 관계없이 인박스에 일은 자동으로 쌓입니다. 인박스를 따로 정해놓는 이유는 계속 늘어나는 일을 생길 때마다 체크하면 정신이 분산되죠. 일단 당장 하는 일에 집중하고 일이 끝나면 인박스를 체크하는 버릇을 들여야 하는데 일거리가 사방에 쌓이면 추적이 어렵습니다. 그래서 인박스 시스템을 사용합니다. 일단 이메일에 폴더 하나를 만들어서(Gmail은 라벨) 모든 이메일은 그 폴더로 가도록 만듭니다. 오프라인에는 바구니라던가 박스를 하나 정해서 모든 종류의 서류, 드라이브, 영수증 등을 거기에 몰아넣습니다. 온라인이건 오프라인이건 인박스에 들어있는 것들은 아직 열어보지도 않은 것들입니다. 다른 일에 집중하고 있어도 새로 생기는 일을 인박스에 던져넣는 건 집중을 그다지 해치지 않습니다.

GTD 4

하던 일이 끝나면 바로 인박스를 확인해서 다음 할 일을 분류해도 좋습니다. 하루의 업무계획을 미리 짜는 스타일이면 하루 한 번이나 두 번 시간을 정해놓고 인박스를 분류해도 좋구요. 첫 분류 기준은 '할 수 있는(또는 해야 하는) 일인가?' 입니다. 여기서 할 수 있는 일은 지금 이 자리에서 시간만 있으면 시작/진행이 가능한 일입니다. 할 수 없는 일은 그 반대죠. 당장 못 하는 일을 분류하는 중에도 2분 안에 할 수 있는 일은 바로바로 해버립니다. 앞에서도 얘기했지만 지금 2분 안에 할 수 있는 일이 몇 시간 지나고 나면 주의가 분산돼서 짧게는 5분, 길게는 시간단위로 걸리는 경우도 있으니 할 수 있으면 빨리하는 게 좋습니다.

할 수 있는 일은 프로젝트로 분류하거나, 내가 할 일이 아니면 일을 부탁하거나(이 경우 부탁하는 건 보통 2분 안에 되니까 바로 합니다), 시간이 정해진 일이면 달력에 기록하고, 당장 시작할 수 있는 일이면 다음 할 일(또는 다음 행동)로 기록하고 분류를 마칩니다. 프로젝트와 '나중에/언젠가는' 폴더는 업무 중에는 분류만 하고 나중에 세부적으로 정리합니다.

여기까지 분류작업을 마치면 앞으로의 견적이 나옵니다. 일단 당장 할 수 있는 일은 다 했고, 인박스에 쌓인 일도 없고(일은 있지만 분류가 끝난 상태), 일 떠넘기기도 했고, 시간이 따로 정해진 일은 기록했습니다. 이 시점에서 바로 당장 해야 할 다음 할 일이 없는 상태라면 '빙고'입니다. 쉬는 거죠. 제가 생각하는 GTD의 장점은 아무리 많은 일이 쌓여있어도 분류를 마친 상태에서 인박스와 다음 할 일 폴더가 비어있다면 쉴 수 있다는 겁니다. 일이 쌓여 있고 그 일을 신경 쓰고 있으면 뇌의 리소스가 줄어들어서 쉬어도 회복이 안 됩니다. 이렇게 분류를 해도 바로 마음이 편해지지는 않지만 조금 연습하면 일 없을 땐 편한 마음으로 쉴 수 있고 효율이 높은 휴식은 다음 일을 할 때 업무 효율도 높여줍니다. 단지 분류만 잘해도 생산성이 높아집니다.

GTD 5

앞에서는 주로 인박스에서 수직으로 연결되는 가지들은 설명을 했습니다. 그리고 할 일의 분류가 끝난 후 인박스와 다음 행동 목록이 비어있다면 마음 놓고 쉴 수 있다고 했습니다. 이번에는 분류작업 중 옆으로 나가는 가지들을 설명하겠습니다.

우선 '할 수 있는 일인가?'라는 질문에서 NO라고 분류되는 항목들입니다. 여기서 할 수 없는 일이란 당장 할 수 없고 구체적으로 계획을 짤 엄두도 안 나는 일들을 말합니다. 일단 인박스로 들어왔지만 안해도 되는 일은 삭제합니다. 광고지, 행사 초청장, 형식적으로 부탁하는 일 같은 것들은 삭제합니다. 그냥 지우면 될 걸 뭐하러 인박스에 넣었다가 분류작업을 거치느냐고 할 수 있습니다.

보통 사람들은 일하는 중에는(특히 업무나 공부의 경우) 머리가 한눈팔 준비가 되어 있기 때문에 저런 거 쳐다보면 순간 마음이 그쪽으로 쏠립니다. 이렇게 마음이 흐트러지면 업무 효율이 낮아지고 전체적인 생산성도 낮아집니다. 또 업무 중엔 뇌의 자원이 업무에 할당된 참이라 방어가 약해져서 저런 잡다한 유혹에도 쉽게 넘어갑니다. 시험공부 하려 할 때에는 평소에 재미없던 TV가 갑자기 재밌어지는 것과 같습니다. 인박스 분류작업은 가급적 냉정한 정신에 하는 것이 좋습니다.

'나중에/언젠가는' 항목은 지금은 못 하지만 언젠가는 할 수 있으면 하고 싶은 일들입니다. 예를 들어, 외국사는 사람이 기회가 닿으면 한번 보자고 했을 때 만날 생각이 있다면 '나중에/언젠가는' 폴더로 이동하고, 안 보고 싶고 안 봐도 되는 사람이면 그 이메일을 삭제합니다. 다른 예로는, 새로운 프로그래밍 언어를 배울 필요를 느끼지만 당장 여유가 없으면 '나중에/언젠가는' 폴더로 분류합니다.

지금은 아니지만 나중에 필요할 것 같은 정보들은 저장을 합니다. 정보를 저장하는 것도 신경을 쓸 필요가 있는데 이것은 다음에 정보관리를 얘기할 때 하기로 하고, 일단 할 수 없는 일들에 대한 분류는 끝났습니다.

GTD 6

다음은 '다음 할 일' 분류에서 옆 가지로 나가는 프로젝트입니다. 프로젝트는 여러 단계의 다음 할 일로 구성된 작업의 집합입니다. 미팅 약속을 잡거나 서류를 정리해서 결제를 받거나 하는 것은 한 번에 할 수 있는 행동들입니다. 그런데 회사에서 보고서 작성, 시장 조사 업무를 하거나 논문을 써야 할 경우 다음 행동에 'ㅇㅇ주제로 논문 쓰기' 하고 쓰면 GTD는 망합니다. GTD의 강점이 내가 가진 시간 자원을 정확히 파악하는 건데 저렇게 여러 단계의 업무를 묶어서 한 행위로 적어놓으면 계획이 안 나옵니다.

그래서 프로젝트로 정의된 작업은 각 단계별로 잘게 쪼개진 할 일들의 목록으로 작성합니다. 예를 들어, 논문쓰기라면 일단 문헌 조사, 통계, 논문 작성 등으로 나눌 수 있습니다. 이렇게 나눴는데 다시 그 일들을 더 쪼갤 수 있으면 또 쪼갭니다. 문헌 조사(키워드 검색, 연관검색, 리스트 작성, 논문 읽고 주장들 정리하기), 통계(데이터 정리, 통계 모형 결정, 모델에 맞게 데이터 구조 변경, 통계 분석), 논문작성 (서론, 실험개요/방법, 결과, 고찰, 결론, 초록 작성). 이렇게 계속해서 쪼갤 수 있는 최소 단위까지 쪼갭니다.

논문 작성이라는 큰 과제의 예상 작업 시간을 정하려면 대강 한 달, 두 달 이런 식으로 정할 수밖에 없습니다. 그런데 우리는 그 일 하나만 하는 게 아니기 때문에 이렇게 대강 정하면 반드시 다른 일들에 치여서 일이 미뤄질 수밖에 없습니다. 시간을 넉넉하게 잡아도 뭉뚱그려서 할 일을 써 놓으면 오늘 얼마만큼 일을 한 건지 가늠이 어렵습니다. 하지만 일을 한 번에 할 수 있는 행동 단위로 쪼개면 각 할 일별로 얼마나 시간이 걸릴지를 계산하는 건 쉽습니다. 또 이렇게 쪼개진 할 일들은 다른 일을 병행하게 되어도 비교적 유연하게 일정을 조정할 수 있습니다. 다른 할 일들이 다 분류가 되면 앞으로 매일매일 얼마나 시간 여유가 있는지도 추정할 수 있죠. 그럼 거기에 맞춰서 여유 있게 일정을 배분합니다. 오늘은 문헌 조사/검색, 내일은 초록 읽고 결론 요약하기 등으로 말이죠.

이렇게 해서 모든 할 일들이 분류되고 오늘 할 일이 다 끝났고 인박스도 비어 있으면 비록 내 할 일 목록에 일이 수백 개가 있어도 맘 편히 쉬면 됩니다.

능력 있는 사람이 되는 길

능력이 있다는 것은 이렇게 효율적이고 생산적으로 자신의 리소스를 사용하는 사람입니다. 그 누구건 무한대의 리소스를 가지고 있지 않습니다. 그런데 우리는 동시에 여러 가지를 프로세스 하느라고 그나마 제한적인 리소스를 다 고갈시켜 버립니다.

멈춤 - 인지 - 판단 - 실천의 과정을 업무에 적용시키는 것을 살펴보았습니다. 실제로 이러한 방법을 사용하려 해도 마음챙김의 힘이 없으면 이를 지속적으로 하기 힘이 듭니다. 그러므로 충분히 마음챙김이 익숙해진 후에 업무에 적용하면 정말로 삶이 순해질 것이라 여깁니다.

6. 마음챙김 치유

MBSR이란?

MBSR은 'Mindfulness based Stress Reduction'의 약자입니다. 미국 MIT에서 1979년부터 존 카밧진 박사가 마음챙김을 기반으로 하는 스트레스 해소 프로그램을 연구했습니다. 그리고 그 결과가 상당히 강력했기에 MBSR은 현대 마음챙김의 대명사처럼 알려지게 됩니다.

앞서의 마음챙김 수련은 독자적인 훈련을 위주로 하지만 정해진 프로그램을 따라서 마음챙김을 실천할 경우 MBSR을 가장 추천합니다. 국내에도 MBSR을 전문적으로 교습하는 단체와 프로그램들이 많이 있습니다. 또한 MBSR은 혼자서도 적용이 가능합니다. 다만 8주라는 기간을 마음먹고 실천하는 것이 어려운 부분이 있습니다.

하지만 8주를 훈련하면 마음챙김이라는 도구를 완전하게 자신의 것으로 할 수 있을 것입니다.

정규훈련과 비정규훈련

MBSR은 정규훈련과 비정규훈련으로 나뉘어 집니다. 정규훈련은 바디스캔, 호흡명상, 정좌수행, 하타요가로 이루어져 있으며 비정규훈련은 먹기명상과 걷기명상으로 이루어져 있습니다.

앞서 배운 마음챙김으로 한다면 강아지 명상과 원초음 명상은 정규훈련에 들어가고 한호흡 명상과 차 한잔의 명상은 비정규훈련에 들어갑니다. 정법안장은 정규훈련과 비정규훈련 모두에 사용이 됩니다.

정규 훈련은 따로 시간을 내어서 하는 것이고 비정규 훈련은 일상 중에서 마음챙김을 사용하는 것을 말합니다. 대개의 경우 정규훈련은 닫힌 마음챙김인 사마타와 관련이 되고 비정규 훈련은 열린 마음챙김인 위빠사나와 관련이 됩니다. 물론 이렇게 딱 구분되는 것은 아니지만 그러한 부분의 영향력이 더 커진다는 이야기입니다.

닫힌 마음챙김은 정신의 힘을 키우고 열린 마음챙김은 마음을 관리할 수 있게 해줍니다.

바디스캔

편안하게 자세를 취하고 왼쪽 발끝에 의식을 둡니다. 왼쪽 발끝에서 느껴지는 느낌을 있는 그대로 느껴보도록 합니다. 거기에 아무런 가치 판단을 두지 말고 온 마음을 사용하여 발끝에 느껴지는 느낌을 인지합니다. 이제 의식을 이동하여 왼쪽 발 발바닥으로 의식을 둡니다. 발끝과 동일하게 모든 인식을 쏟아부어 대상에 의식을 둡니다. 시간은 마음대로 행하면 됩니다. 다만 너무 짧으면 안 됩니다.

이러한 식으로

> 왼쪽 발끝 → 왼쪽 발 발바닥 → 왼쪽 발 발꿈치 → 왼쪽 발 발등 → 왼쪽 발 발목 → 왼쪽 다리 종아리 → 왼쪽 무릎 → 왼쪽 허벅지 → 왼쪽 엉덩이 → 오른발 끝 → 오른발 발바닥 → 오른발 발꿈치 → 오른발 발등 → 오른발 발목 → 오른다리 종아리 → 오른다리 무릎 → 오른쪽 허벅지 → 오른쪽 엉덩이 → 골반 → 성기와 엉덩이 → 허리 → 복부 → 가슴께 → 등 중앙 → 견갑 부위 → 상체 윗부분 → 심장과 폐 → 어깨 → 왼쪽 팔뚝 → 왼쪽 팔꿈치 → 왼쪽 팔목 → 왼쪽 손목 → 왼쪽 손바닥 → 왼쪽 손등 → 왼쪽 손가락 끝 → 오른쪽 팔뚝 → 오른쪽 팔꿈치 → 오른쪽 팔목 → 오른쪽 손목 → 오른쪽 손바닥 → 오른쪽 손등 → 오른쪽 손가락 끝 → 목 → 턱 → 얼굴 → 머리끝

이 순서대로 의식을 옮기도록 합니다. 굳이 저 순서에 집착할 필요는 없고 일종의 가이드로 생각하면 됩니다. 중요한 것은 어떠한 생각이나 느낌이 들건 그것을 놓아두고 그것을 온전히 받아들이고 체험하는 것입니다. 이렇게 대상을 있는 그대로 체험하는 것을 반복하면 할수록 그것이 점점 더 쉬워지고 더 강렬한 체험을 하게 됩니다.

호흡명상 1

호흡명상은 호흡으로 마음을 돌리는 것입니다. 한호흡 명상과 강아지 명상이 여기에 해당됩니다. 그러므로 그 방법으로 대체해도 됩니다. 호흡을 느끼면서 호흡에서 마음이 벗어나서 멍해지거나 딴생각을 헤맨다면 다시 부드럽게 호흡으로 의식을 되돌리는 것입니다.

호흡을 느끼는 곳은 코끝의 공기 흐름이어도 되고 아랫배가 팽창했다 수축했다 하는 느낌을 대상으로 해도 됩니다. 눈은 떠도 되고 감아도 상관이 없으며 자세도 몸이 기울어지지 않으면 됩니다.

호흡명상 2

호흡명상의 기원은 출입식념경이라는 불교 경전에서 시작이 됩니다. 조금 더 호흡명상을 깊이 하실 경우에는 이 경전에 나오는 16단계가 4가지 그룹으로 나뉘어지는 부분을 참고하시면 됩니다. 불교 수행의 근간이 되는 수행법이라 상당히 많은 스님들의 해설들이 있습니다. 개인적으로는 틱낫한 스님과 아잔 브람 스님의 해설을 가장 좋아합니다. 여기서는 틱낫한 스님의 해설을 소개하도록 하겠습니다.

다만 전문적인 수행의 방법이므로 현대 마음챙김은 이렇게 전문적인 방법을 사용하지 않습니다. 그러므로 호흡명상 8번으로 바로 넘어가도 상관이 없습니다.

호흡명상 3

안반수의 명상 제1세트 : 4가지 신체 수행

1 들숨을 들숨으로 날숨을 날숨으로 알기

2 들숨과 날숨을 따라가며 그 깊이나 지속시간 등의 숨의 변화를 알기

3 들숨과 날숨을 통해 마음과 몸을 하나로 알기

4 들숨과 날숨으로 하나가 된 마음과 몸의 고요와 평화를 알기

틱낫한 스님의 안내문

숨을 들이쉬며 나는 숨을 들이쉬는 것을 알고 숨을 내쉬며 나는 숨을 내쉬는 것을 안다. 숨을 들이쉬며 나는 들이쉬는 숨의 시작에서 끝까지 따라가고 숨을 내쉬며 나는 내쉬는 숨의 시작에서 끝까지 따라간다. 숨을 들이쉬며 나는 들이쉬는 온몸을 알아차리고 숨을 내쉬며 나는 내쉬는 숨의 시작에서 끝까지 따라간다. 숨을 들이쉬며 나는 숨이 들어오는 온몸의 고요와 평화를 느끼고 숨을 내쉬며 나는 숨을 내쉬는 온몸의 고요와 평화를 느낀다.

호흡명상 4

안반수의 명상 제2세트 : 4가지 감정 수행

1 기쁨을 불러온다

2 행복을 불러온다

3 마음속에서 일어나는 여러 가지 심리적인 현상을 알아차린다

4 심리 현상들을 감싸 안고 그 고통이 사라짐을 알아차린다

틱낫한 스님의 안내문

숨을 들이쉬며 나는 기쁨을 느끼고 숨을 내쉬면서 나는 기쁨을 느낀다. 숨을 들이쉬며 나는 행복을 느끼고 숨을 내쉬면서 나는 행복을 느낀다. 숨을 들이쉬며 나는 여러 심리 현상들을 알아차리고 숨을 내쉬면서 나는 여러 심리 현상들을 알아차린다. 숨을 들이쉬며 나는 여러 심리 현상들을 진정시키고 숨을 내쉬면서 나는 여러 심리 현상들을 진정시킨다.

호흡명상 5

안반수의 명상 제3세트 : 4가지 마음 수행

1
심리현상이 나타나기 위한 마음속의 여러 조건들을 알아차린다

2
마음속에 행복을 일으켜서 마음과 하나 되도록 한다 (4장 자비관 항목 참조)

3
마음의 힘이 커져서 몰입을 할 수 있게 된다 (4장 자비관 항목 참조)

4
마음 구속하는 여러 집착으로부터 마음이 자유롭게 된다

틱낫한 스님의 안내문

숨을 들이쉬며 나는 마음을 알아차리고 숨을 내쉬며 나는 마음을 알아차린다. 숨을 들이쉬며 나는 마음을 행복하게 하고 숨을 내쉬며 나는 마음을 행복하게 한다. 숨을 들이쉬며 나는 온 마음으로 몰입을 하고 숨을 내쉬며 나는 온 마음으로 몰입을 한다. 숨을 들이쉬며 나는 마음에 자유를 주고 숨을 내쉬며 나는 마음에 자유를 준다.

호흡명상 6

안반수의 명상 제4세트 : 4가지 인식 수행

1 드러난 모든 것의 무상을 이해한다

2 집착과 욕망이 사라진다

3 깊은 멈춤이라는 열반으로 들어간다

4 모든 것을 놓아버릴 수 있게 된다

틱낫한 스님의 안내문

숨을 들이쉬며 나는 드러난 모든 것의 무상함을 알고 숨을 내쉬며 나는 드러난 모든 것의 무상함을 안다. 숨을 들이쉬며 나는 모든 집착과 욕망이 사라지고 숨을 내쉬며 나는 모든 집착과 욕망이 사라진다. 숨을 들이쉬며 나는 멈춤을 챙기고 숨을 내쉬며 나는 멈춤을 챙긴다. 숨을 들이쉬며 나는 버림을 알고 숨을 내쉬며 나는 버림을 안다.

호흡명상 ㄱ

틱낫한 스님의 호흡명상은 본격적인 명상법이 됩니다. 그렇기에 이 책에서 다루는 범위를 넘어서지만 마음챙김으로 어느 경계를 볼 수 있는지 이 길이 인도하는 것이 무엇인지를 조금이나마 느껴볼 수 있기에 소개를 했습니다.

세 번째 세트에 들어서면서 니밋따라고 불리우는 빛을 보게 됩니다. 앞서 함사라고 소개했던 것과 같습니다. 이를 통해서 선정삼매에 들어서게 되며 여기부터는 현대 마음챙김이 아닌 본격적인 수행으로써의 마음챙김을 경험하게 됩니다.

호흡명상 8

이제 개인적으로 하는 방법을 소개하려 합니다. 저는 코끝에서 느껴지는 공기의 흐름을 마음챙김 합니다. 상상으로 뽀송뽀송한 털로 덮인 공이 있다고 생각을 합니다. 그리고 마음의 눈으로 이 공의 뽀송뽀송한 털을 정법안장 합니다.

숨이 들어올 때 그 공의 표면의 털들이 움직이며 코끝을 간지럽힙니다.

숨이 나갈 때 그 공의 표면의 털들이 움직이며 코끝을 간지럽힙니다.

이렇게 호흡의 느낌을 마음챙김 하는 것으로 호흡명상을 합니다.

정좌수행

정좌수행은 생각과 감정을 바라보는 것입니다. 앞서의 정법안장의 힘이 강하다면 그렇게 어렵지 않습니다. 우선 바디스캔을 하고 그런 후에 호흡명상을 하고 나서 하는 것을 권장합니다. 생각과 감정을 마음의 눈으로 바라보는데 떨어져서 보지만 접촉을 하는 부드러운 메타인지를 행하는 것이 중요합니다.

또한 그 내용이 아니라 겉 표면에 해당하는 형식이나 그것으로 인해서 이차적으로 발생하는 효과들에 대해서 바라보는 것입니다. 내용을 살피면 그 생각과 감정에 끌려 들어가게 됩니다. 이렇게 바라보면 생각과 감정들이 일어나고 사라지는 과정에 대한 인식이 생기고 지혜가 자라나게 됩니다.

하타요가

움직임 속에서 몸의 느낌을 마음챙김 하는 것입니다. 다음에 나오는 서서 하는 요가 자세 25개 동작과 누워서 하는 요가 자세 22개 동작은 일반적으로 MBSR에서 사용하는 것이지만 꼭 이 방법을 사용해야만 하는 것은 아닙니다.

❖ 서서 하는 요가 자세

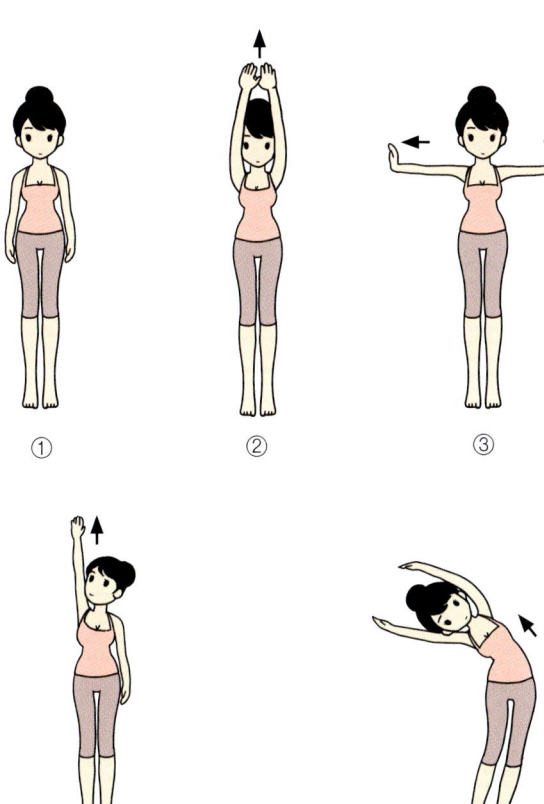

❖ 서서 하는 요가 자세

어깨 돌림: 앞으로 돌린 후 뒤로 돌린다

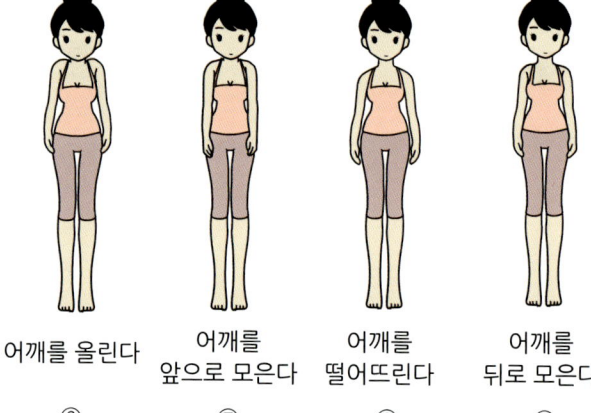

어깨를 올린다
⑥

어깨를 앞으로 모은다
⑦

어깨를 떨어뜨린다
⑧

어깨를 뒤로 모은다
⑨

목 돌림: 한 방향으로 돌린 후 반대 방향으로 돌린다

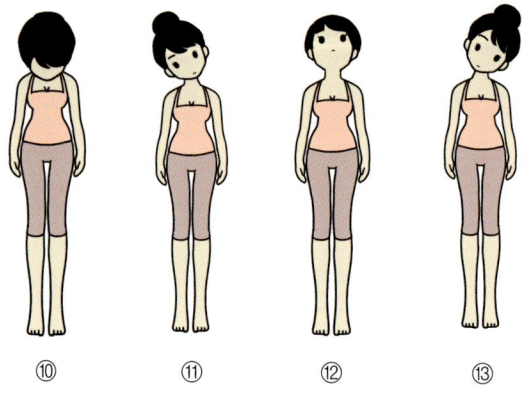

⑩　　⑪　　⑫　　⑬

❖ 서서 하는 요가 자세

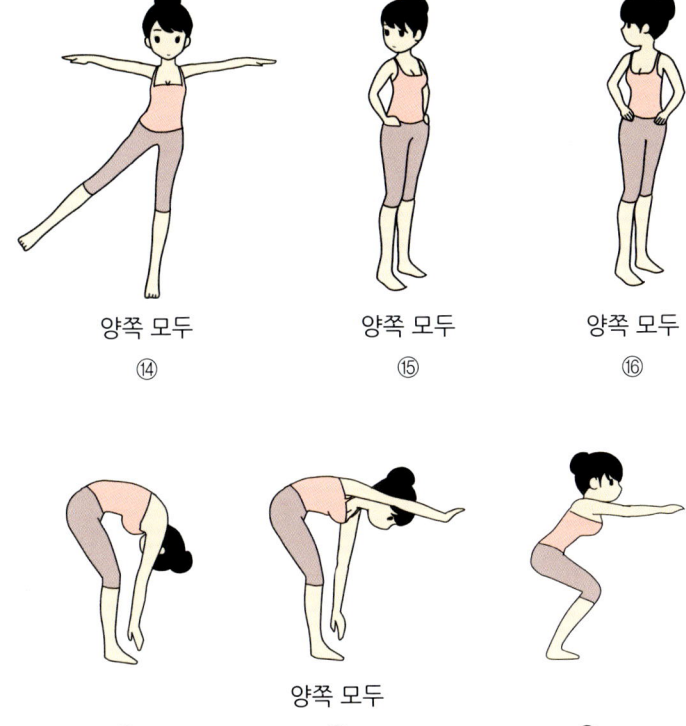

양쪽 모두
⑭

양쪽 모두
⑮

양쪽 모두
⑯

⑰

양쪽 모두
⑱

⑲

❖ 서서 하는 요가 자세

❖ 누워서 하는 요가 자세

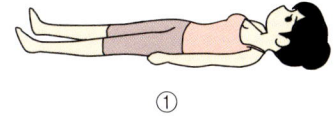

①

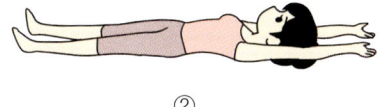

②

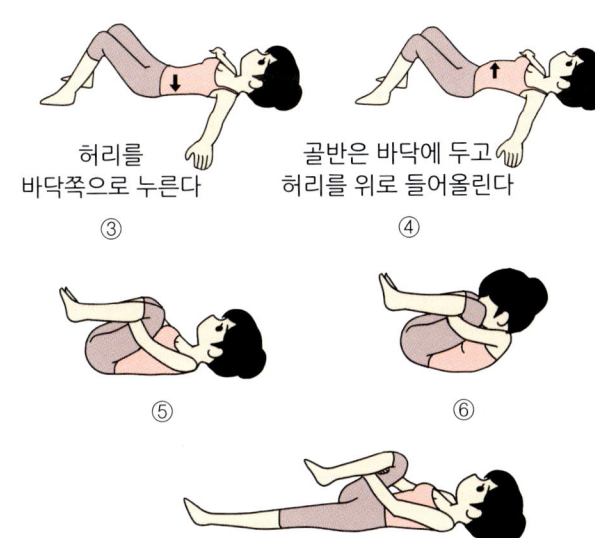

허리를
바닥쪽으로 누른다
③

골반은 바닥에 두고
허리를 위로 들어올린다
④

⑤   ⑥

양쪽 모두
⑦

❖ 누워서 하는 요가 자세

❖ 누워서 하는 요가 자세

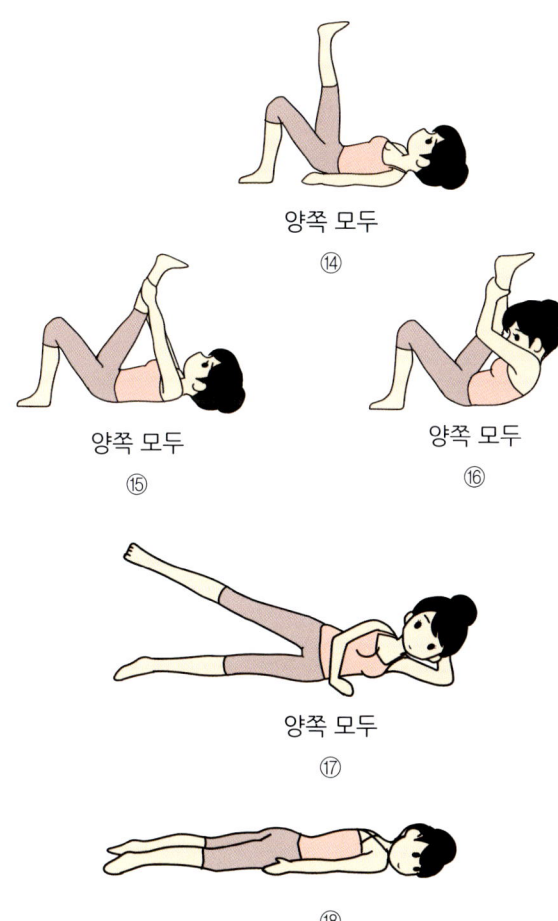

❖ 누워서 하는 요가 자세

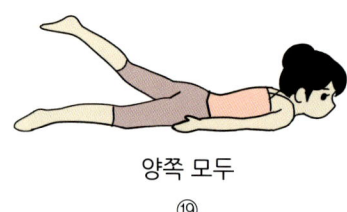

양쪽 모두
⑲

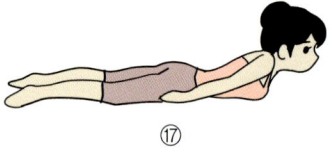

⑰

옵션
㉑

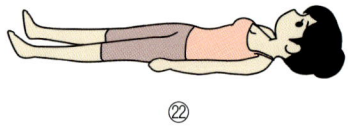

㉒

먹기명상

차 한잔의 명상과 유사한 것입니다.
대개 MBSR에서는 건포도 명상으로부터 시작합니다.
한국에서 당뇨 환자들을 위한 MBSR에서는
잣 명상으로 대체하기도 했습니다.
중요한 것은 이 건포도가 산해진미인 것처럼
온 마음으로 느껴보는 것입니다.

1. 손바닥 위에 건포도를 두세 알 올려놓고 느껴본다.
2. 건포도 한 알을 들어서 바라본다.
3. 건포도 한 알의 질감을 만지며 느낀다.
4. 코 가까이 가져가서 냄새를 맡아본다.
5. 건포도를 입 가까이 가져가고 입술 앞에 가져다 놓고서 입안의 변화를 느껴본다.
6. 건포도를 입안에 넣고 맛을 음미하며 천천히 씹는다.
7. 건포도를 씹으면서 맛과 느낌을 따라간다.
8. 건포도를 삼키고서 식도를 넘어가는 느낌을 느껴본다.

익숙해지면 식사 시에 사용할 수 있습니다.

걷기명상

산책을 느긋하게 할 때 행하는 것이 좋습니다. 가능하면 처음에는 천천히 걷는 것으로 시작을 합니다. 발바닥의 느낌을 느끼는 것이 기본이 됩니다.

익숙해지면 걸을 때 몸 전체의 움직임을 마음챙김 할 수 있습니다.

이것이 몸에 익으면 다른 일상적인 움직임들을 마음챙김의 대상으로 삼을 수 있습니다. 앞의 먹기 명상과 함께 열린 마음챙김으로 주위에서 느껴지는 여러 가지 느낌들도 대상으로 삼을 수 있습니다.

7. 마음챙김 훈련

MBSR 8주 훈련

8주 훈련은 앞에서 본 MBSR 기법들을 8주 동안 배워나가는 일종의 스케줄에 해당합니다. 대개의 경우 일주일에 하루 2~3시간 정도 수업과 실습을 하고 나머지 6일간 집에서 혼자 훈련을 하게 됩니다. 집에서 훈련할 때 도움이 되도록 스크립트를 녹음해서 나누어 주기도 합니다.

8주 훈련으로 모든 마음챙김이 끝나지는 않습니다. 하지만 기본적으로 혼자서 이를 꾸준히 해나갈 수 있을 정도로 이 훈련에 익숙해지는 것은 사실입니다. 그러므로 자꾸 마음챙김을 하려다가 그만두게 되는 분들은 딱 8주만 마음먹고 실천을 하면 원하는 결과를 얻는 데에 큰 도움이 될 것입니다.

MBSR 1주 차

- 수업 : 오리엔테이션, 건포도 명상, 바디스캔
- 과제 : 6일간의 바디스캔, 마음챙김으로 식사하기, 수행일기

MBSR 2주 차

- **수업** : 바디스캔, 호흡명상
- **과제** : 6일간 바디스캔과 호흡명상, 일상생활 중의 마음챙김, 수행일기

MBSR 3주 차

- **수업** : 하타요가를 통한 바디스캔, 호흡명상
- **과제** : 6일간의 하타요가를 통한 바디스캔과 호흡명상, 일상생활 중의 마음챙김, 오토 파일럿 상태 인지하기, 수행일기

MBSR 4주 차

- 수업 : 하타요가를 통한 바디스캔, 호흡명상, 정좌수행
- 과제 : 6일간의 하타요가를 통한 바디스캔과 호흡명상, 일상생활 중의 마음챙김, 오토 파일럿 상태 인지하기, 인생에 있어서의 부정적인 느낌 살피기, 수행일기

MBSR 5주 차

- 수업 : 하타요가를 통한 바디스캔, 호흡명상, 주위 소리를 마음으로 챙기는 정좌수행
- 과제 : 6일간의 하타요가를 통한 바디스캔과 호흡명상, 일상생활 중의 마음챙김, 경험에 대한 나의 반응을 살펴보기, 수행일기

MBSR 6주 차

- **수업** : 하타요가를 통한 바디스캔, 호흡명상, 관계와 소통에서의 마음챙김, 걷기 명상, 1일간 묵언 템플 스테이 권장
- **과제** : 6일간의 하타요가를 통한 바디스캔과 호흡명상, 일상생활 중의 마음챙김, 타인과의 의사소통을 방해하는 부분을 알아차리기, 수행일기

MBSR 7주 차

- 수업 : 하타요가를 통한 바디스캔, 호흡명상, 정좌수행, 걷기명상
- 과제 : 스크립트를 사용했다면 스크립트를 사용하지 않고 행하기, 자신의 현재 상황에서 필요하다고 느껴지는 방법을 스스로 만들어서 6일간 실천하기, 수행일기

MBSR 8주 차

- **수업** : 하타요가를 통한 바디스캔, 호흡명상, 정좌수행, 걷기명상
- **과제** : 앞으로 일상을 살아가면서 자신에게 필요한 기법들을 스스로가 선별해서 적용

MBCT란 무엇인가?

MBCT는 'Mindfulness based Cognitive Therapy' 의 약자로 MBSR을 인지행동 요법에 접목시킨 것입니다. MBSR이 스트레스를 줄이는 것이기에 심신 양면의 치료에 도움이 되지만 MBCT는 우울증을 비롯한 불안장애 등의 심리적인 측면에 대한 효과에 좀 더 포커스를 맞춘 것입니다.

이 두 가지를 소개하는 이유는 이렇게 프로그램을 만들어서 마치 몸의 단련을 하는 PT들이 있는 것처럼 마음의 단련을 위한 PT로써 접근을 할 수 있도록 하기 위한 것입니다. 자신만이 아니라 다른 사람들도 도울 수 있으니까요.

MBCT의 특징

MBCT는 인지 행동 요법과 관련이 되기에 메타인지의 강화에 조금 더 특화되어 있습니다. 예를 들면, MBSR을 할 경우에는 대상에 대한 마음챙김으로 좀 더 대상에 접촉하는 부분이 강하다면, MBCT는 MBSR을 하는 자기 자신을 객관적으로 살펴서 그 결과가 적절한지를 판단하는 것과 같은 인지력을 키워줍니다.

현재 마음이 자신을 힘들게 하거나 원하지 않는 부정적인 감정으로부터 벗어나기 위한 훈련으로는 MBSR보다 MBCT가 효과적일 것입니다.

MBCT 1주 차

오토 파일럿 vs. 의식적인 선택

오토 파일럿 상태를 인지하고 오토 파일럿 상태에서 깨어날 때 어떤 일이 일어나는지 체험하는 과정

① 건포도 먹기
② 바디스캔
③ 일상활동 마음챙김
④ 습관 내려놓기 - 평소에 습관처럼 하는 행동을 알아차리고 작은 변화를 일으켜 보도록 한다. 예를 들면, 의자에 앉을 때 자세를 다르게 앉아 본다.

MBCT 2주 차

분석하기 vs. 감각하기

경험을 생각으로 인지하고 이해하는 것과 경험 그 자체가 되는 것의 차이를 인지하고 머릿속에서 벗어나서 직접적인 경험을 하는 과정

① 바디스캔
② 호흡명상
③ 일상활동 중 지난번과 다른 활동을 마음챙김
④ 걷기명상
⑤ 습관 내려놓기

MBCT 3주 차

애쓰기 vs. 받아들이기

신체와 마음이 어떻게 서로 소통하는지와 현재 우리의 신체와 마음이 경험하는 긴장도를 이해하는 과정

① 하타요가를 통한 바디스캔
② 호흡명상
③ 공간명상 - 지금 일어나는 일 알아차리기, 호흡으로 마음 돌리기, 몸 전체로 마음 돌리기(3분 동안 행한다)
④ 걷기명상
⑤ 습관 내려놓기

MBCT 4주 차

생각을 단단한 실체로 보기 vs. 생각을 정신적 사건으로 보기

> 생각이 실체가 없는데 그 생각에 사로잡혀서 그 생각이 물리적인 실체처럼 착각하는 것을 마음속에서 흘러 다니는 생각을 관찰함으로 해서 이해하는 과정

① 하타요가를 통한 바디스캔
② 호흡명상
③ 내면의 생각과 감정에 대한 정좌수행
④ 외부의 소리에 대한 정좌수행
⑤ 공간명상
⑥ 걷기명상
⑦ 습관 내려놓기

MBCT 5주 차

회피하기 vs. 다가가기

우리가 경험하는 여러 가지 어렵고 고통스러운 상황에 대해서 그를 수용하고 마주 대하는 방법을 배우는 과정

① 하타요가를 통한 바디스캔
② 호흡명상
③ 내면의 생각과 감정에 대한 정좌수행
④ 외부의 소리에 대한 정좌수행
⑤ 어렵거나 힘들거나 고통스러웠던 일을 떠올리고 그에 대한 정좌수행
⑥ 공간명상
⑦ 걷기명상
⑧ 습관 내려놓기

MBCT 6주 차

정신적인 시간 방황 vs. 현재 순간에 머무르기

> 자비관을 통해서 스스로와 세상을 이해하고 용서하며 이를 통해 좀 더 깊은 접촉이 가능해지는 것을 경험하는 과정

① 하타요가를 통한 바디스캔

② 호흡명상

③ 내면의 생각과 감정에 대한 정좌수행

④ 외부의 소리에 대한 정좌수행

⑤ 자비관을 통한 정좌수행

⑥ 공간명상

⑦ 걷기명상

⑧ 습관 내려놓기

MBCT 7주 차

자신을 고갈시키는 행동 vs. 자신에게 자양분을 주는 행동

일상의 활동과 기분의 밀접한 관계를 살펴서 스스로가 스스로를 착취하는 것을 멈추는 과정

① 하타요가를 통한 바디스캔
② 호흡명상
③ 내면의 생각과 감정에 대한 정좌수행
④ 외부의 소리에 대한 정좌수행
⑤ 공간명상
⑥ 걷기명상
⑦ 마음챙김 알리미 설정 : 일상에서 마음챙김으로 되돌아갈 신호 정하기(먹기, 걷기 등)

MBCT 8주 차

생각 없이 살아가는 삶 vs. 한 번뿐인 소중한 삶

지금까지 배운 마음챙김의 방법들을 일상생활에 적용해서 필요할 때 사용할 수 있도록 하는 과정

① 정규 마음챙김(바디스캔, 호흡명상, 정좌수행, 하타요가)을 일상생활에 적용하기
② 비정규 마음챙김(먹기명상, 걷기명상)을 일상생활에 적용하기
③ 공간명상을 일상생활에 적용하기
④ 자신만의 프로그램을 만들어서 자신의 라이프 스타일에 적용하기

················ 8. 마음챙김 심화

DBT

DBT는 'Dialectical Behavior Therapy'의 약자로 한국어로는 변증법적 행동요법이 됩니다. 행동주의 심리학에 기반을 두고 있으며 완전하게 마음챙김이라고는 할 수 없지만 마음챙김을 적극적으로 사용하는 치료법입니다.

여기서 Dialectical의 의미는 정반합으로 이르는 변증법을 말합니다. 여기서 변증법이란 개인이 가진 특정 사안에 대한 정서적 취약성과 그러한 정서를 무시하는 환경 간의 갈등을 말합니다. 이러한 사안에서 발생하는 격노를 다스리도록 하는 것이 DBT인 것이지요.

"Dialectical Behavior Therapy"

방법론으로는 고통감내, 마음챙김, 감정조절, 대인관계의 네 가지 접근을 위주로 합니다. 기법상으로는 MBCT와 유사한 방법을 많이 사용합니다.

ACT는 'Acceptance and Commitment Therapy'의 약자입니다. 이 치료법은 마음챙김을 가장 잘 표현한 것이라는 평가를 받고 있습니다. 다음과 같은 마인드 모델을 사용합니다.

"Acceptance and commitment Therapy"

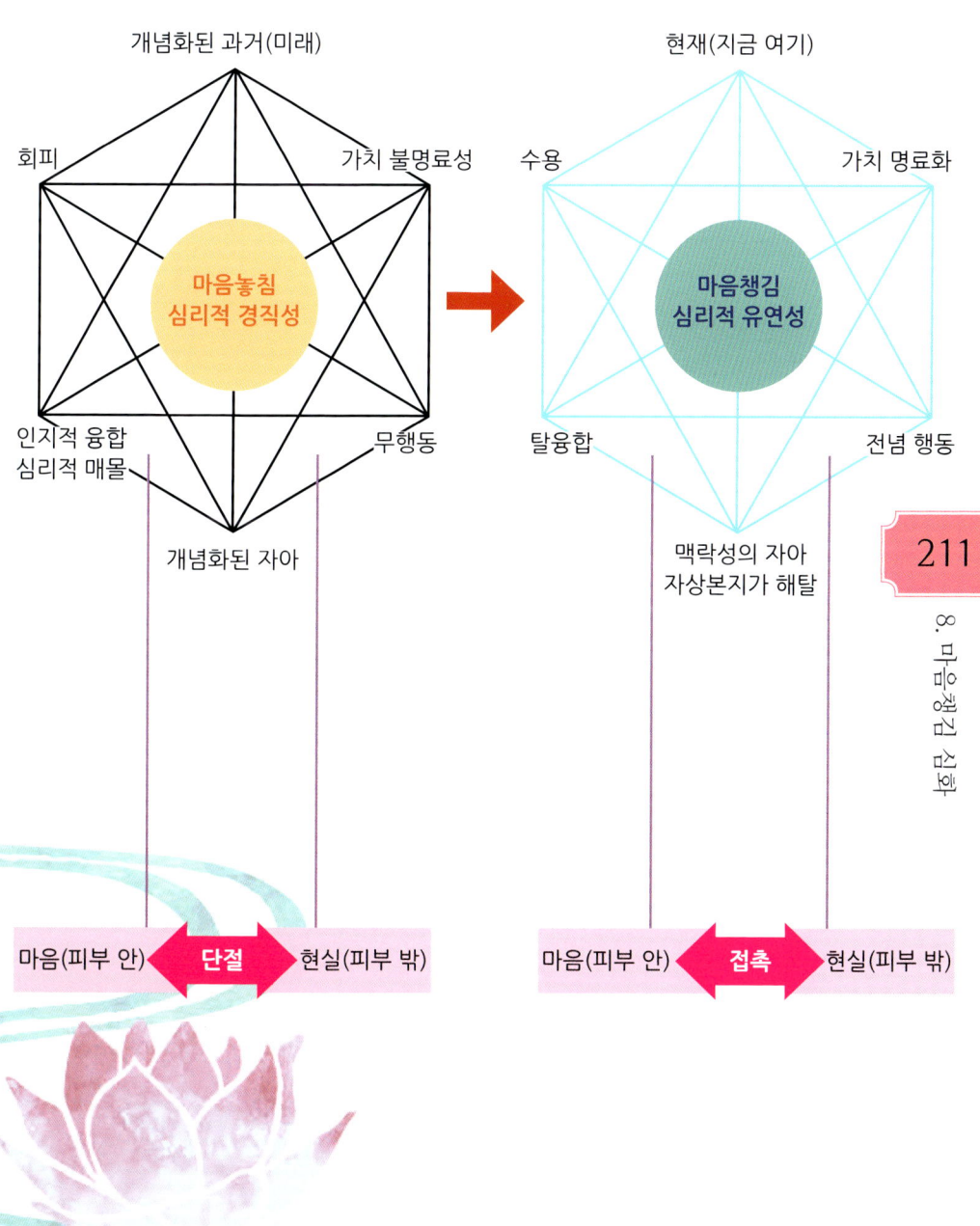

구체적인 ACT 구조

내면의 경우 인지적 융합과 매몰이나 회피 반응을 일으키는 상태에서 탈 융합과 수용으로 나아가야 합니다. 융합과 매몰에서 탈 융합으로 가는 것이 메타인지이고 회피에서 수용으로 가는 것이 접촉입니다. 그래서 이 과정은 부드러운 메타인지와 같은 내용이 됩니다.

외부의 경우

정신분석학을 창시한 프로이트는 건강한 사람이란 애착의 대상이 내면이 아니라 외부에 있는 사람이라고 했습니다. 그래서 내면에 매몰되지 않고 내면의 경험을 수용하면서 외부로 나아가는 것이 건강한 사람인 것입니다. 이는 사실과 사실 아님을 구분하고 유용한지 아닌지를 판단해서 가치를 명료하게 하고 그 가치를 위해서 전념 행동을 하는 것을 말합니다.

나란 존재하는가?

마지막으로 중앙의 모습은 심리적 경직성에서 심리적 유연성으로 나아가는 것입니다. 이를 맥락적인 자아라고 합니다. 이러한 맥락적인 자아란 고정불변한 나란 없고 오직 상황맥락성에서 내가 규정지어지는 것일 뿐이라는 의미입니다.

이것을 해내게 되면 그것이 마음챙김이며, 이것이 되지 않을 경우가 마음놓침 상태인 것이지요.

MBT

MBT는 'Mentalization Based Therapy'의 약자입니다. 본래 프로이트의 정신분석학의 계통에서 발전해 나온 것이며 주로 경계성 장애와 같은 중증 심리적 증상에 적용이 됩니다. 여기서 가장 중요한 개념은 '자기화'라는 의미의 Mentalization입니다. 여기서 자기화는 메타인지와는 조금 다릅니다. 부드러운 메타인지는 자기 자신의 내면과의 관계를 인지하는 것입니다. 여기에 더해서 자기화는 외부에서 내가 대하고 있는 대상들까지 포함하는 메타인지입니다.

"Mentalization Based Therapy"

상대방도 나와 같은 방식의 맥락성을 공유하고 있다는 전제를 받아들이면서 그를 바탕으로 나와 상대방의 다이나믹에서 내가 느끼는 느낌을 인지하는 것입니다. 그러므로 지금까지의 부드러운 메타인지가 내면에 대한 것이라면 MBT에서의 메타인지는 외부 상황에 대한 부드러운 메타인지인 것입니다. MBT는 마음챙김을 테크닉으로써 받아들이지 않고 있지만, MBT의 접근은 마음챙김에서 앞으로 받아들일 새로운 영역이 되고 있습니다.

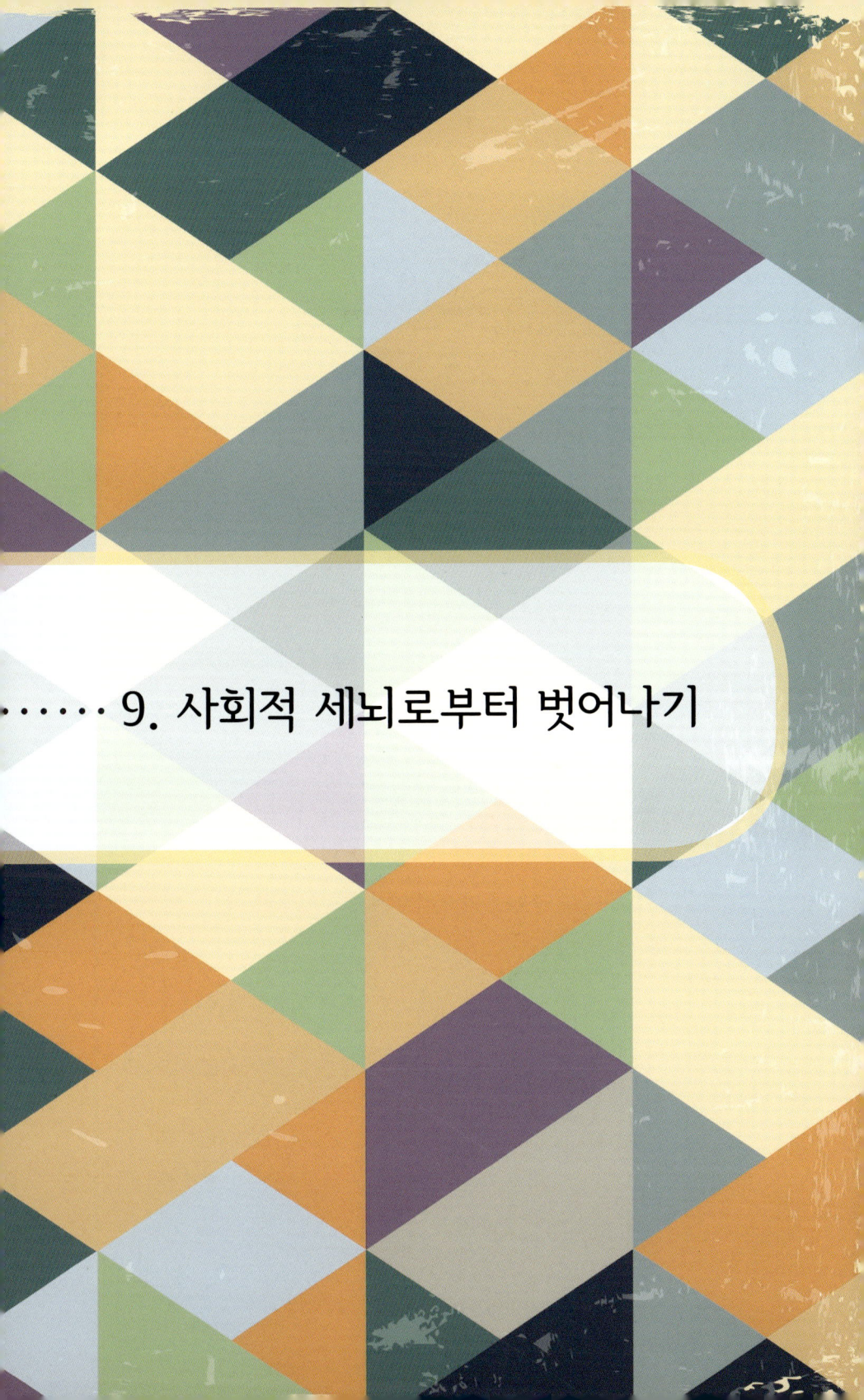

9. 사회적 세뇌로부터 벗어나기

세상으로부터의 세뇌

현대에는 악의나 사욕을 위해서 타인을 조종하려는 욕구를 가진 사람들만이 아니라 사회 전반에 걸쳐서 세뇌가 공공연하게 이루어지고 있습니다. 그렇기에 이러한 세뇌들로부터 나를 지켜야만 하는 상황이기도 합니다. 세뇌는 우리가 우리의 내면의 리얼리티를 외부의 리얼리티보다 높게 프로세스 할 경우에 쉽게 당하게 됩니다. 미래에 대한 불안이나 과거에 대한 후회 등이 이러한 세뇌의 매개물이 되는 경우가 많답니다.

마음챙김은 이러한 세뇌로부터 자신을 보호해주는 호신술이기도 합니다. 그러므로 이 마음챙김을 활용해서 어떻게 사회적이거나 개인적인 세뇌로부터 우리를 보호할지에 대해서 이야기해 보도록 하겠습니다.

삶의 목적

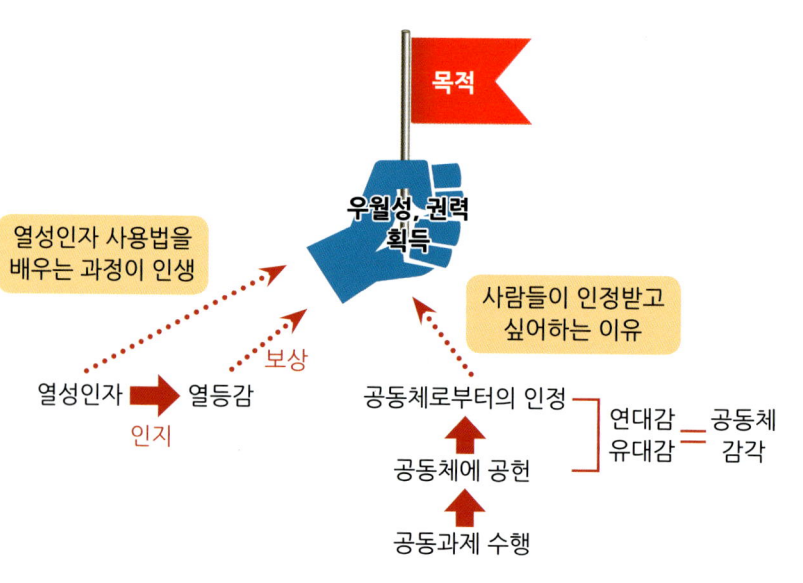

철학자 니체는 우리의 삶의 목적은 권력을 얻는 것이라고 했습니다. 그리고 심리학자 아들러는 이 권력은 공동체에 대한 공헌을 통해서 얻을 수 있다고 했습니다. 공동체란 내가 유대감과 연대감이라는 공동체 감각을 느끼는 집단을 말합니다.

우리는 열성인자와 열등감을 가지고 있습니다. 이 두 가지는 비슷하지만 다릅니다. 열성인자는 사실이고 열등감은 느낌으로 사실이 아니지만 사실처럼 느끼는 것입니다. 니체의 아모르파티는 열성인자의 사용법을 배우는 것이고 우리가 권력을 향해 나아가는 것은 건전한 우월감인 자기 효능감으로 열등감에 대한 보상을 얻는 것입니다.

목표로 날아오르게 하는 용기

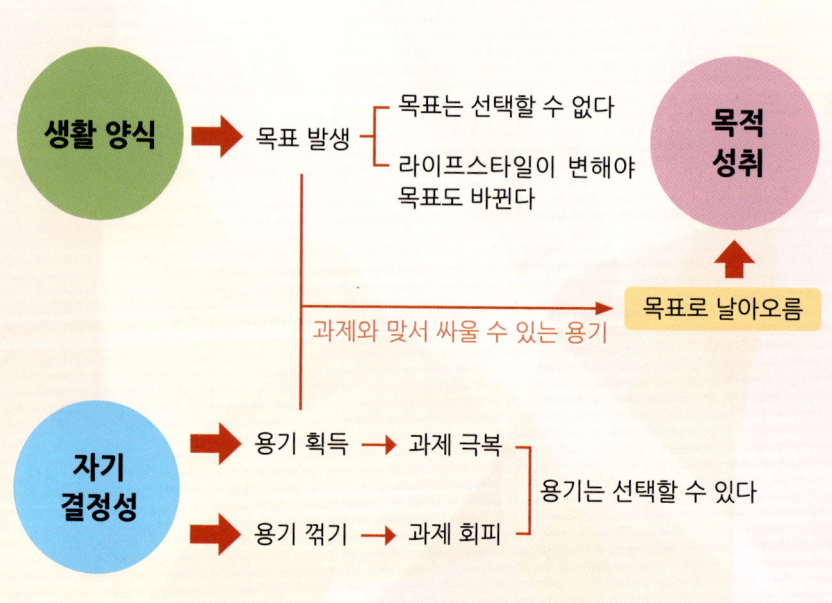

삶의 목적으로 가는 과정에는 자신의 라이프 스타일로 인해서 만들어지는 목표들이 있게 됩니다. 이 목표들을 따라가면 목적에 도달하게 되는 것이지요. 그래서 이러한 목표들은 우리 삶의 지표들이라고도 합니다.

이 목표를 향해서 날아오르기 위해서 우리는 용기가 필요하며 용기는 자기 결정성에서 나오게 됩니다.

천명의 매

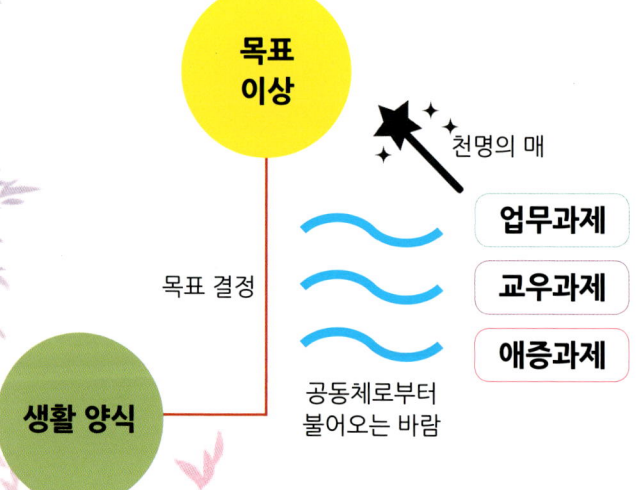

천명이라는 글자는 하늘 아래에서 매를 맞고 신음소리를 내는 것에서 왔다고도 말해집니다. 우리가 목표를 정하고 그를 향해 나아갈 때 천명의 매를 맞게 된다고 합니다. 이 천명의 매를 아들러는 세 가지 과제라고 했습니다. 업무과제, 교우과제, 애증과제가 그것이지요. 이 중에서 업무과제에 대해서는 5장 효율적 업무처리에서 다루었습니다.

이러한 세 가지 과제는 공동체로부터 불어오는 바람이며, 이 바람을 타고 날아오르는 것으로 공동체에 공헌을 하게 됩니다.

자기 결정성에 의해서 용기를 얻거나 용기가 꺾이게 됩니다.

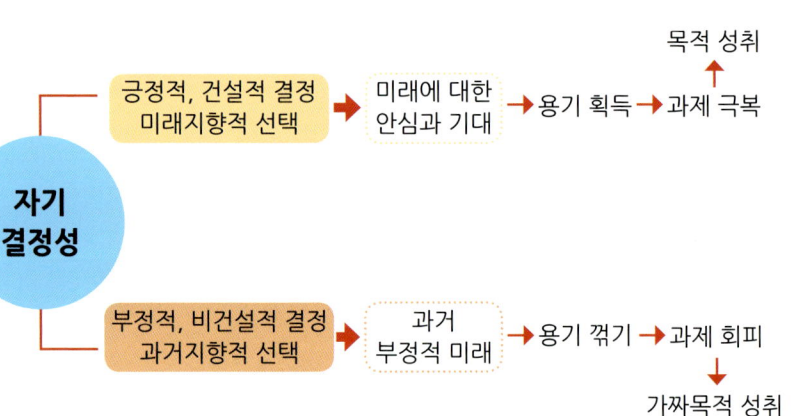

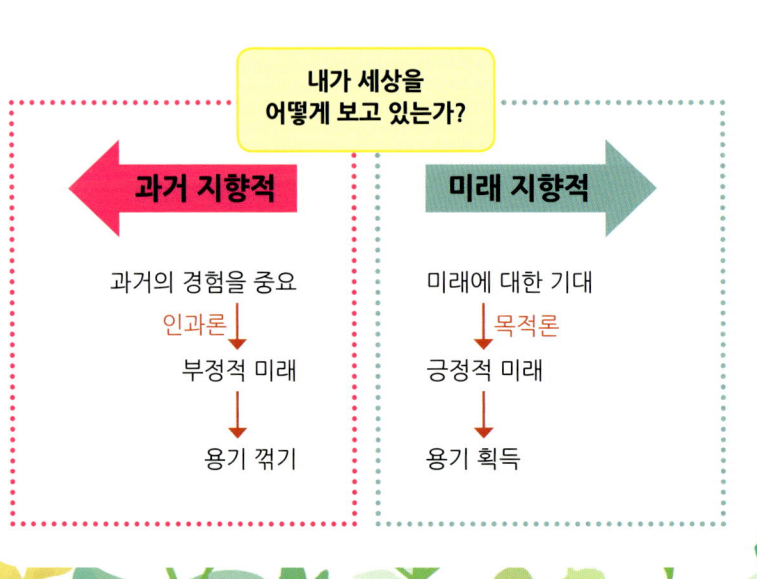

자기 결정성에서 용기를 얻는 것으로 선택해서 목표를 성취하고 목적에 다가섭니다.

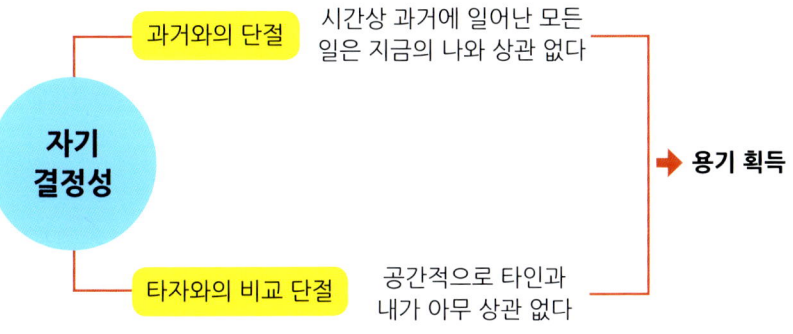

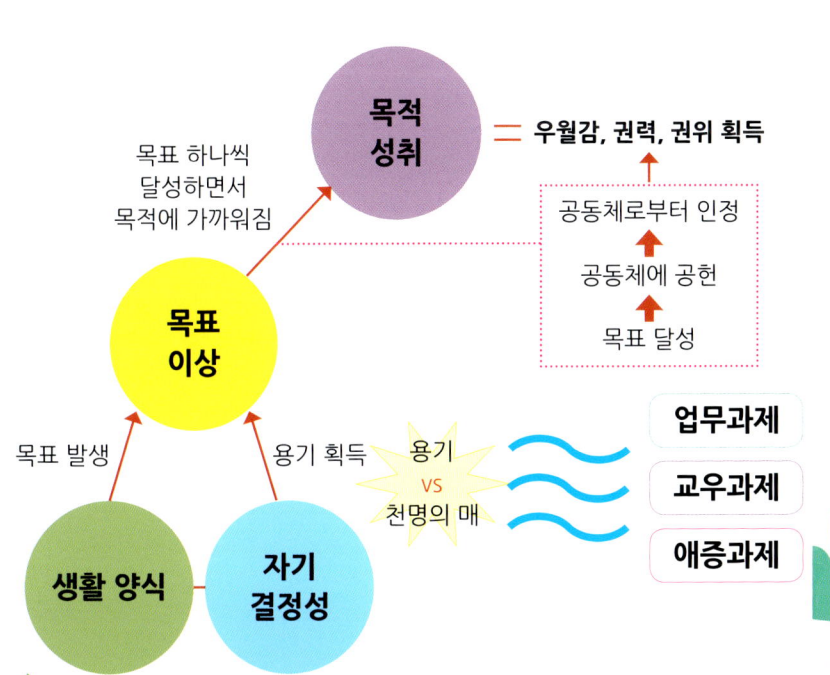

더 나아갈 길

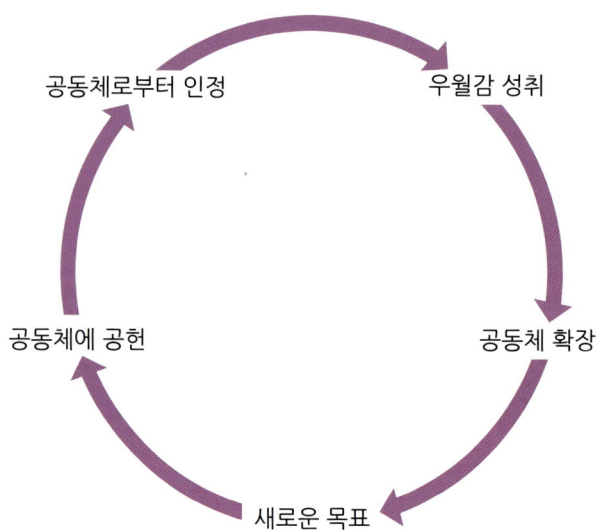

이렇게 목표들을 여럿 지나며 공동체에 공헌을 하고 건강한 권력을 획득하게 되면 공동체의 범위가 점점 더 넓어집니다.

세뇌에 걸리기 쉬운 마음 상태

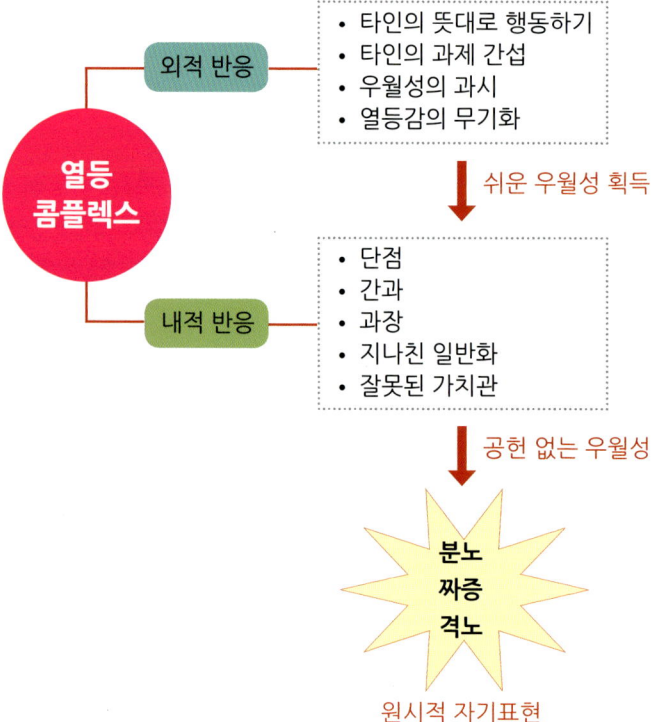

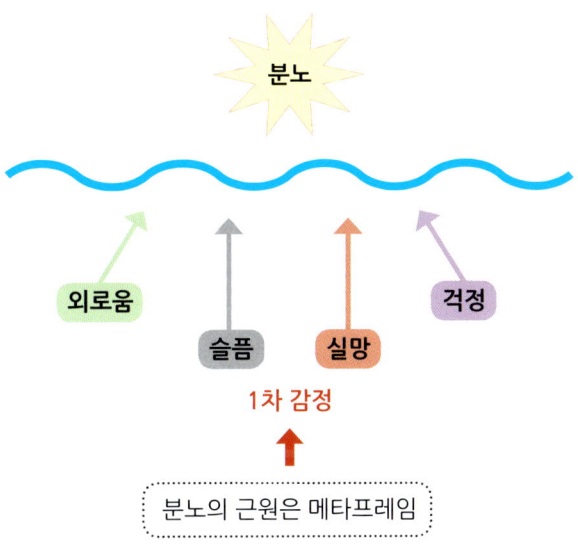

반대로 자기 결정성에서 과거에 집착하고 용기 꺾기를 당하면 열등감은 열등 콤플렉스가 됩니다. 이렇게 만들어진 가짜 권력을 추구하는 마음이 세뇌에 취약한 마음이 됩니다. 그리고 이러한 것의 바탕에는 세상에 옳고 그름으로 나뉘어진다고 믿는 경직된 심리 상태인 메타프레임이 자리를 합니다.

세상 속에서 건강한 삶을 사는 것이 세뇌에서 벗어나는 길

이렇게 건강한 삶을 살기 위해서는 마음챙김으로 얻은 멈추는 힘, 인지하는 힘, 판단하는 힘이 정말로 중요합니다. 그리고 이를 바탕으로 실천적인 삶을 사는 것이지요. 그래서 공동체와 건강한 관계를 가지고 자신의 심리적인 문제를 외부의 활동을 통해서 해결해 나아가는 것입니다.

우리가 마음속에서 헤매고 있을 때 여러 가지 영향력에 무방비로 노출이 되어 있게 마련입니다. 그러므로 이렇게 삶 속에서 마음챙김을 실천해 나가는 것이 정말로 중요한 것이지요.

OUTRO

매력적인 사람이 되는 마음챙김 배구나

조용한 저녁에 차 한잔을
놓고 마음챙김을 합니다.
그리고 하루 일과를 신께
기도를 올리고 있습니다.

이렇게 평화로운 아주 짧은 시간일지라도 늘 감사하는 마음입니다.

240 | 매력적인 사람이 되는 마음챙김 테크닉